The World of Story Aprons

保育に役立つ
ストーリーエプロン

小林由利子

タオルエプロン
ふしぎなポケット
22 page

そんなふしぎなポケットがほしい

前かけエプロン
すうじの歌
35page

前かけエプロン＋舞台付き
三びきのやぎの
がらがらどん
45page

誰だ、おれの橋をかたことさせるのは！

味わってみようよ

ポンチョエプロン
**町のネズミと
いなかのネズミ**
56 page

いなかと都会の生活を

おだんごぱんはどこへ行くのでしょう？

市販のエプロン≠割烹着
おだんごぱん
65 page

まえがき

　「ストーリーエプロン」といっても、みなさんには耳慣れない言葉かと思います。ストーリーエプロンとは、さまざまなエプロンを舞台に見立て、パペット（人形劇の人形）を使った劇（ドラマ）活動です。アメリカではじまった「クリエイティブ・パペトリー」という劇活動の1つでもあり、人形劇の上演をめざすのではなく、子どもたちが保育者やおとなの援助のもとに自由に遊ぶプロセスを大切にしています。

　「クリエイティブ・パペトリー」はまた、ウィニフレッド・ウォードが考案した即興的な劇活動である「クリエイティブ・ドラマ」から派生しました。そして、これらすべての活動は「楽しい」ということをとても重視しています。これはウォードの弟子であり、私の恩師であるヴァージニア・G・コウスティが強調した「遊び／ドラマ／演劇（創造プロセス）連続体」の考え方につながっています。

　本書では、「胸当てエプロン」だけでなく、「タオルエプロン」、「前かけエプロン」、「ポンチョ」、割烹着などを使った「市販のエプロン」等のさまざまなエプロンを使い、多様なパペットと組み合わせたストーリーエプロンの実践を紹介しています。みなさんが本書のアイディアから自分だけのストーリーエプロンを編み出し、子どもたちと一緒に新しいストーリーエプロンをつくり出すという、創造的なプロセスを体験するきっかけになればと願っています。本書を手にした保育者、実習生をはじめ、すべての読者の方が、「ちょっとつくって、子どもたちと一緒にやってみようかな！」と感じてもらえたら、とてもうれしく思います。

　最後になりましたが、本書の企画を「おもしろいじゃないか、やってみよう！」と決断してくださった萌文書林の服部雅生氏に感謝いたします。また、編集のみならず魅力的な写真の撮影をしてくださった福西志保氏、素敵な装丁・口絵などをデザインしてくださった岩下倫子氏、見ていて楽しくなってしまうイラストをたくさん描いてくださった鳥取秀子氏、撮影に協力してくださった学生のみなさんに心からお礼申し上げます。そして、田中直子氏には、ストーリーエプロン作成、激励、助言など言葉で言い尽くせないほどお世話になりました。本当にありがとうございました。

　2012年4月

小林　由利子

For
Thelma McDaniel
&
Virginia Glasgow Koste

contents

まえがき 1

ストーリーエプロンってなんだろう

ストーリーエプロンとは 6
- ストーリーエプロンとエプロンシアター® 6
- ストーリーエプロンのはじまりとその考え方 7
- ストーリーエプロンの基本 8
- ストーリーエプロンの特徴 9
- 保育の場でのストーリーエプロンの魅力 10

ストーリーエプロンの種類 12
COLUMN　クリエイティブ・パペトリーってなに？ 13
- タオルエプロン 14
  - 基本のつくり方 15
- 前かけエプロン 16
  - 基本のつくり方 17
- ポンチョエプロン 18
  - 基本のつくり方 19
- 市販のエプロン 20
COLUMN　黒い背景のストーリーエプロン舞台の効用 20

ストーリーエプロンを演じてみよう

実践 **1**　ふしぎなポケット（タオルエプロン） 22
　　MUSIC　［楽譜］ふしぎなポケット 22
　　実践例　3歳児 23

もくじ　3

　　　こんなふうに応用してみよう！ 25

実践 2　手を洗おう（タオルエプロン） 26
　　　実践例　4歳児 27
　　　こんなふうに応用してみよう！ 30

実践 3　はてなポケット（タオルエプロン） 31
　　　実践例　5歳児 32
　　　こんなふうに応用してみよう！ 34
　　COLUMN　好奇心を育てるクイズ 34

実践 4　すうじの歌（前かけエプロン） 35
　　　　MUSIC ［楽譜］すうじの歌 35
　　　実践例　4歳児 36
　　　こんなふうに応用してみよう！ 39
　　COLUMN　知らない間に学ぶ数量！ 39

実践 5　1匹の野ねずみ（前かけエプロン） 40
　　　　MUSIC ［楽譜］1匹の野ねずみ 40
　　　実践例　2歳児 41
　　　こんなふうに応用してみよう！ 44

実践 6　三びきのやぎのがらがらどん（前かけエプロン——舞台付き）... 45
　　　実践例　3歳児 46
　　COLUMN　上手と下手 46
　　　こんなふうに応用してみよう！ 49

実践 7　バランスよく食べよう（ポンチョエプロン） 50
　　　実践例　5歳児 51
　　　こんなふうに応用してみよう！ 55
　　COLUMN　4色の面を利用した季節のポンチョエプロン 55

実践 8　町のネズミといなかのネズミ（ポンチョエプロン） 56
　　COLUMN　イソップの寓話 56
　　　　実践例　3歳児 57

こんなふうに 応用してみよう！ 60

実践 9 キャベツのなかから（市販のエプロン） 61

MUSIC ［楽譜］キャベツのなかから 61

実践例　3歳児 62

こんなふうに 応用してみよう！ 64

実践 10 おだんごぱん（市販のエプロン——割烹着） 65

実践例　4歳児 66

こんなふうに 応用してみよう！ 70

ストーリーエプロンをつくってみよう

つくり方の基本 72

つくり方 1 ふしぎなポケット（タオルエプロン） 74

つくり方 2 手を洗おう（タオルエプロン） 76

つくり方 3 はてなポケット（タオルエプロン） 78

つくり方 4 すうじの歌（前かけエプロン） 78

つくり方 5 1匹の野ねずみ（前かけエプロン） 82

つくり方 6 三びきのやぎのがらがらどん（前かけエプロン——舞台付き） 83

つくり方 7 バランスよく食べよう（ポンチョエプロン） 89

つくり方 8 町のネズミといなかのネズミ（ポンチョエプロン） 93

つくり方 9 キャベツのなかから（市販のエプロン） 101

つくり方 10 おだんごぱん（市販のエプロン——割烹着） 103

ストーリーエプロンとは

ストーリーエプロンとエプロンシアター®

　みなさんは「ストーリーエプロン」を知っていますか。日本においては、類似した活動として、1980年代から幼稚園・保育所などで「エプロンシアター®」という名称で、胸当てエプロンを使った人形劇が行われてきました。この「エプロンシアター®」は、1979年に中谷真弓が考案し、雑誌「幼児と保育」に発表したことにはじまります。「エプロンシアター®」のおもな特徴としては、次の8つをあげることができます。

（1）キルティング地のエプロンを舞台として使用していること
（2）ポケットからパペットが登場したり退場したりすること
（3）面ファスナー※をエプロンとパペットに縫いつけ、パペットが舞台となるエプロンに貼りつけられようになっていること
（4）このパペットをつけたり外したりできること
（5）エプロンを着けている人が1人で演じる人形劇、したがって演じ手は観客から見えること
（6）演じ手がさまざまな役を演じること、たとえばナレーター、多様な登場人物、裏方など
（7）ポケットに手品のような仕掛けがあること
（8）保育室等でくり返し上演できること

※　面的に着脱できるファスナー。代表的なものでは、クラレの「マジックテープ®」やベルクロ社の「ベルクロ®」など（®は商標登録記号）。

　現在、「エプロンシアター®」は、保育現場だけに限らず、小学校や特別支援施設、児童館、社会教育施設でも幅広く取り入れられ、人形劇の1つの様式として位置づけられると思います。
　一方、本書で紹介するアメリカを発祥とする「ストーリーエプロン」は、胸当て型のエプロンだけではなく、さまざまな形のエプロンを使って楽しむプロセス中心の活動です。タオルを使ったエプロンやポンチョ型のエプロンなど、保育者や子どもたちの自由な発想で応用ができるのがストーリーエプロンの活動です。また、ストーリーエプロンは、保育者が演じるのを子どもたちが見て楽しむことをきっかけにして子どもたちと保育者とが一緒に演じて劇遊びへと発展させたり、ストーリーエプロンで使ったパペットを子ども自らが日常の人形遊びへつなげたりする活動です。つまり、子どもの日常とのつながりを重視する劇活動であり児童文化財の1つといえます。
　それでは、ストーリーエプロンとはどのようなものなのか、そのはじまりや考え方など具体的に見ていきましょう。

ストーリーエプロンのはじまりとその考え方

　アメリカにおける20世紀初頭の新教育運動とアリス・ミニー・ハーツの児童教育演劇運動の影響を受けて、1920年代に「クリエイティブ・ドラマティックス(現在はクリエイティブ・ドラマと呼ばれている。以下、クリエイティブ・ドラマという)」という活動がウィニフレッド・ウォードによりはじめられました。それまでの活動は、子どもに脚本のセリフを覚えさせ、日本でも以前よく行われていた「生活発表会」(学芸会・お遊戯会)のような形で、おもに保護者たちに演劇を見せる活動が中心でした。ウォードは、従来のような保育者(おとな)主導で子どもたちに脚本のセリフを覚えさせ演じさせる上演中心の活動ではなく、子どもたち自らが主体的にもっと自由に登場人物になって演じること自体に教育的価値を見出したクリエイティブ・ドラマというプロセス中心の劇(ドラマ)活動を創始しました。

　ウォードのクリエイティブ・ドラマは、ストーリーテリング(お話などの語り)から、子どもが自主的に演じる劇遊びのような活動へとつながっていきます。具体的にいえば、ストーリーテリングの上演(あるいは一部の上演)から、ストーリーテラー(お話の語り手)がファシリテーター(子どもなど参加者との調整・進行役)になって、演劇を見ていた子ども自らが劇活動に参加し、保育者と一緒に行う参加型のプロセス中心の劇活動です。

　そしてこのクリエイティブ・ドラマから派生した活動として、「クリエイティブ・パペトリー」という活動があります。これは、人形劇で使う人形であるパペットを使ったプロセス中心の劇活動のことです。アメリカの保育・幼児教育施設では、1970年代にはすでに行われていたようです。クリエイティブ・パペトリーは、「幼児とのかかわりにおいて、パペットをすばらしい人形劇の人形としてではなく、『プロセス』で使われるものであると考えることは非常に重要である」(Hunt & Renfro, 1982, p.19)と説明しています。言い換えると、保育者は子どもたちが人形劇を上演するためにパペットを保育で使うことはなく、子どもたちと一緒に遊びの中でパペットを使うことが重要であるということです。人形劇の上演をめざすことより、それを遊びに取り入れていくことが大切であり、そのことが子どもたちの「自発的な活動としての遊び」をより豊かに深くしていく、という考え方です。

　このような考え方のクリエイティブ・パペトリーの実践方法の1つとして、エプロンを使った「ストーリーエプロン」(Hunt & Renfro, 1982, p.63)という活動が生まれました。

ストーリーエプロンの基本

　ストーリーエプロンで使用するエプロンの基本形は、いわゆる前かけに8つのポケットがついているエプロンです。そして、それぞれのポケットにパペットを入れておき、エプロンを身に着けている演じ手が必要に応じてパペットなどを登場させたり、退場させたりします。ストーリーエプロンは、保育者が1人で演じることができます。

　エプロンは、自分でつくってもよいですし、市販のエプロンでもよいです。また、綿のプリント柄の布などをポケットにすると明るい感じになります（Hunt & Renfro, 1982, p.64）。

　この基本ストーリーエプロンから発展して、胸当てエプロンに装飾を加えた「装飾ストーリーエプロン」（Hunt & Renfro, 1982, p.66）、帽子と、幹を描いた胸当てエプロンを組み合わせた「ツリーエプロン」（Hunt & Renfro, 1982, p.65）、肉屋のエプロンを使った「基本肉屋エプロン」（Hunt & Renfro, 1982, p.66）、胸当ての大きなポケットに使用済みの背景を入れていく「背景変化付きエプロン」（Hunt & Renfro, 1982, p.66）、ポンチョを舞台にした「ポンチョエプロン」（Hunt & Renfro, 1982, p.67）、タオルにひもを取りつけた「タオルエプロン」など、さまざまなエプロンを使うことができます。さらに、工夫して自分のストーリーエプロンを作成することもできます。この自分のエプロンをつくって子どもたちと一緒に使ってみるというところにクリエイティブ・パペトリーの独創性と自発性と創造性を重視する考え方が表れています。

ツリーエプロン：胸当てエプロンを木に見立てたストーリーエプロン。木の帽子もつけて鳥の巣に見立てている。

基本肉屋エプロン：肉屋のエプロンのように丈の長い胸当てエプロンを舞台にしたストーリーエプロン。

ストーリーエプロンの特徴

ストーリーエプロンの特徴としては、次の6つをあげることができます。

（1）さまざまなエプロンを使えること
（2）1つのエプロンで、いろいろなお話、歌遊び、手遊び、クイズ、生活指導などに使いまわしができること
（3）保育者と子どもたちが、自由に発想して、オリジナルなストーリーエプロンと物語をつくることを重視していること
（4）ストーリーエプロンをきっかけとして、子どもたちが即興的な劇活動をすることを重視していること
（5）子どもたちのアイディアを取り入れていく即興性を大切にしていること
（6）人形劇と劇活動をつなげて、子どもたちが主体となって活動すること

　さらにいえば、ストーリーエプロンは、子どもにとっても保育者にとっても、楽しい活動であることが、何より重要です。ですから、保育者が上手に人形劇を上演できるかということより、いかに保育者が子どもと一緒に発想したり、おもしろがったり、発見したりしながら、楽しく活動を子どもたちと一緒につくっていくか、ということが何より大切です。
　子どもにとって、保育にストーリーエプロンを使うよさは、次の6つをあげることができます（Hunt & Renfro, pp.20-21）。

（1）子どもが、自分自身について知るようになること
（2）言語表現を通して、子どもの言葉の発達を促すこと
（3）感情表現の場をもてること
（4）社会性を高められること
（5）生活や社会について知るようになること
（6）想像世界と現実世界の違いに気づけるようになること

　ストーリーエプロンを保育に取り入れることは、子どもだけでなく、保育者にとっても次のようなことに役立ちます（Hunt & Renfro, p.23）。

（1）子どもを理解する手助けになること
（2）子どもを違った視点から見ることができること
（3）保育者自身の創造性を高められること
（4）さまざまな学びの経験を子どもたちに提供できること
（5）楽しい雰囲気をつくり出せること

このようにストーリーエプロンを保育に取り入れることは、子どもにとっても保育者にとっても、楽しいと感じながら、さまざまなことを学べる機会をつくることになります。そして、両者にとって、ストーリーエプロンを見たり、まねしたり、つくったり、やってみたりしながら、さまざまなスキルを自然に身につけられることです。

　日常よく使っているタオルがストーリーエプロンの舞台として使われるということを見ることは、子どもたちの創造性や想像性を高めることになります。つまり、子どもたちがタオルが舞台に見立てられるという創造プロセスを体験することです。これは、子どもたちの日常の遊びでたくさん体験していることでもあります。これを保育者が意図的に子どもたちに見せていくことにより、子どもの創造性や想像性をさらに高めていくことになります。タオルが舞台になる創造プロセスを体験するだけでなく、1本のタオルでできた舞台がさまざまな物語などで使われることも子どもたちは体験できます。1つのものがさまざまなことに使われることが可能である、ということについて子どもたちはストーリーエプロンを通して楽しみながら自然に学べます。その上、ストーリーエプロンを通して、子どもたちがもっと遊べるように方向づけられます。演じ手であるおとなが、楽しく真剣にストーリーエプロンを演じている姿を子どもたちが目撃することは、おとなになっても遊び続けてよい、というメッセージを子どもたちに間接的に楽しく伝えることになります。

　また、子どもたちは、ストーリーエプロンの内容から、新しい遊びのやり方やアイディアを見つけることもできます。なぜならば、ストーリーエプロンは、遊びのさまざまな要素を子どもに提供したり、凝縮して象徴的に示したりすることができるからです。たとえば、誰かに変身したり、物を何かに見たてたり、時間が日常とは異なって変化したり、場所がさまざまに変化したり、うそっこなのにリアルに感じたり、現実世界と想像世界を自由に行き来したり、いろいろな芸術様式を組み合わせたりなどが、ストーリーエプロンという楽しい活動の裏に隠されています。このような体験を子どもたちが重ねることは、知らず知らずのうちに子どもたちの思考力を育てることになります。つまり、ストーリーエプロンは、子どもたちの感情だけではなく、知性の育成にかかわっているといえます。

保育の場でのストーリーエプロンの魅力

　保育におけるストーリーエプロンの大きな魅力は、ストーリーエプロンを身に着けるだけで、保育者がパペティアー（人形遣い）に変身でき、子どもたちに、「ストーリーエプロンの時間」がはじまる合図を視覚的に伝えられることです。そして、保育者はこのエプロ

ンをパペットの背景や舞台などさまざまに使えます。さらに、ストーリーエプロンでは、市販のエプロンを使ったりするので、すぐに手に入れることができます。最近は、安価なエプロンも多く出まわっていますので、上手に活用できます。これらを利用して、保育者や子どもたちのアイディアを加えて、オリジナルのストーリーエプロンを手軽につくることができます。

ストーリーエプロンは、立って演じることもできますし、イスや床に座っても演じることもできます。また、保育室だけでなく、ホールや遊戯室、廊下、屋外でも手軽に演じることができます。さらに、お散歩や遠足のときにもっていくこともできます。このようにストーリーエプロンは、演じる場所を選ばないので、どこでも使うことができます。

ストーリーエプロンを保育に導入することは、パペットを使って保育室にさまざまな人物を登場させる機会になります。保育者がさまざまな人物を演じることを通して、子どもたちがさまざまな登場人物について考え、さまざまな視点から物事を考える視点をもてるようになります。つまり、「もし……だったら」という経験を自分に引き寄せて考えられる機会になります。このような経験の積み重ねが、知らず知らずのうちに保育者自身の表現力や創造性や想像性を高めることにつながります。また、「子どもたちが違った視点から保育者を見る機会を提供する」（Hunt & Renfro, 1982, p.23）ことになります。さらにいえば、子どもたちにストーリーエプロンを媒介にして、生活や社会について学ぶ機会を提供することもできますし、楽しい雰囲気を醸し出すこともできます（Hunt & Renfro, 1982, p.23）。

保育者にとっても子どもにとっても、ストーリーエプロンのパペットを媒介にして他者とかかわる機会をもつことは、コミュニケーション能力を自然に培っていくことになります。パペットは、手を通した瞬間に別の人が立ち現れるという特徴があります。たとえば、子どもでもおとなでもパペットを使って話しはじめると、自然にその登場人物の声を表現してしまうという現象が起きます。この知らずに思わずしてしまう、という体験を重ねていくうちに気がついたら表現力やコミュニケーション能力が高まっていた、ということになります。

ストーリーエプロンは、子どもたちが日常、慣れ親しんでいる保育室で、いつも一緒に生活をともにしている保育者が演じるので、子どもたちが自然に想像世界に入っていくように方向づけることができます。同時に、保育者にとっても信頼関係があるクラスの子どもたちのために演じるので、楽しく演じられると思います。そして、子どもたちと保育者が協力して、新しいストーリーエプロンのお話を創作することもできます。つまり、ストーリーエプロンを日常の保育に溶け込ませることができ、子どもたちと保育者の創造性

と想像性と発想力とコミュニケーション能力を日常の中で楽しく育てていく可能性があります。このクリエイティブな自由さが、ストーリーエプロンの魅力です。

ストーリーエプロンとは［参考・引用文献］

久富陽子編『実習に行く前に知っておきたい 実習実技――児童文化財の魅力とその活用・展開』萌文書林、2002.

星野毅『人形劇あそび』一声社、1981.

Hunt, T. & Renfro, N. *Puppetry in Early Childhood Education.* TA: Nancy Renfro Studios, 1982.

川尻泰司『人形劇をはじめよう』玉川大学出版部、1982.

川尻泰司『人形劇であそぼう』玉川大学出版部、1982.

川尻泰司『人形劇はどこでもできる』玉川大学出版部、1982.

川尻泰司『人形劇は楽しくつくろう』玉川大学出版部、1982.

小林由利子・中島裕昭・高山昇・吉田真理子・山本直樹・高尾隆・仙石桂子『ドラマ教育入門』図書文化、2010.

Koste, V.G., *Dramatic Play in Childhood:Rehearsal for Life*, New Orleans: Anchorage Press, 1978.

槇英子『保育をひらく造形表現』萌文書林、2008.

文部科学省『幼稚園教育要領解説 平成20年10月』2008.

中谷真弓『楽しいエプロンシアター ロンロンエプロンロン』アド・グリーン社、1994.

中谷真弓『子どもと楽しむエプロンシアター』幼児と保育 Books 2、小学館、1985.

小川清実編著・森下みさ子・内藤知美・河野優子・小林由利子『演習 児童文化』萌文書林、2010.

Rosenberg, H. S. & Prendergast, C., *Theatre for Young People: A Sense of Occasion.* New York: Holt, Rinehart and Winston, 1983.

Sims, J., *Puppets for Dreaming and School: A Puppet Sourse Book.* CA: Earley Stage, 1978.

高杉自子指導『新しい劇遊びの指導』ひかりのくに、1975.

山本駿次朗『子どもとつくるペープサート』幼児と保育 Books 9、小学館、1986.

ストーリーエプロンの種類

本書では、さまざまあるストーリーエプロンのなかから、

- タオルエプロン
- 前かけエプロン
- ポンチョエプロン
- 市販のエプロン

について、紹介していきたいと思います。

　今まで説明してきたように、ストーリーエプロンでは、このようにつくらなければならない、というものはありません。裁縫が苦手な人は、簡単にできる市販のエプロン舞台から挑戦してみてもよいですし、パペットをつくる時間などがなければ、ペープサートや

紙人形、Pペーパー（パネルシアターで使用する不織布）などを利用することもできます。製作活動が得意な人は、本書で紹介するストーリーエプロンを応用した舞台やパペットなどを考えてつくってみましょう。自分なりのストーリーエプロン

をつくり、やってみることをとても大切にしているのがストーリーエプロンです。

　ストーリーエプロンにおいてもっとも重要なことは、保育者や子どもたちの自由な発想で、日常の保育につながるよう工夫して、つくったり、演じたり、遊んだりすることです。また、身近なおとなである保育者が考えてつくった手づくりのストーリーエプロンは、子どもたちにとっても親しみのあるものになるでしょう。そして、おとなである保育者が誰かに変身するプロセスを子どもたちが見ることは、おとなになっても変身ごっこをし続けてよいですよ、というメッセージを子どもたちに伝えることになります。つまり、おとなになっても遊び続けましょうということです。

COLUMN

クリエイティブ・パペトリーってなに？

　ストーリーエプロンは、クリエイティブ・パペトリーのなかでエプロンを舞台として使うことに特徴がある活動です。その他、クリエイティブ・パペトリーには、さまざまな舞台やパペットが使われます。舞台としては、段ボールに穴をあけてつくった舞台、子ども用のイスの背中を使った舞台、2脚のイスに棒を渡して布をかけた舞台、机を横に倒した舞台、丸いテーブル舞台、大型積み木を組み合わせた舞台、紙コップの舞台、ティッシュの箱を使った舞台などです。保育室にあるさまざまな物を舞台として使うことができます。パペットとしては、紙袋を使ったバッグ・パペット、紙に割り箸を取りつけたスティック・パペット（ペープサート）、紙皿パペット、封筒パペット、ベルト・パペット、卵入れパペット、軍手パペット、鍋つかみパペット、紙袋ボディ・パペット、棒使いパペット、指人形、マペット、靴下パペット、ジャンク・パペット（がらくたを使ったパペット）、洗濯バサミパペット、ピンポン・パペットなどなど。身のまわりにあるあらゆるものが、クリエイティブ・パペトリーで使われるパペットになる可能性があります。たとえば、たわしに目を取りつけたり、木じゃくしやお鍋のふたに顔を描いたりすれば、すぐにパペットとして使うことができます。

　クリエイティブ・パペトリーでは、パペットはこうでなければならない、ということはなく、何でも目や鼻や口や手や足をつけたり、描いたりすれば、物がパペットに変身してしまう、という創造プロセスを体験することをとても大事にしています。そして、子どもたちと一緒にこれらのパペットを使って楽しく即興的に遊んでみよう、ということが基本的な考え方です。

❈ タオルエプロン

　タオルエプロンは、ストーリーエプロンの中でももっとも手軽につくることができるエプロンです。身のまわりにあるフェイスタオルやバスタオルにひもをつけて、エプロンにして使います。タオルは手軽に手に入るので、さまざまなストーリーエプロンを次々につくることができます。たとえば、花柄地のタオルを使えば、お花や草花、ガーデニングや季節にかかわるストーリーを語るときに使えます（Hunt & Renfro, p.68）。水色地のタオルなら海や水や天候などにかかわることを保育者が話すときに使えます。このようにタオルの柄や色を利用してオリジナルなストーリーエプロンを簡単につくることができます。短時間で次々つくることができ、楽しくおもしろい上、保育のための教材でもあるので、保育者の引き出しを自然に増やすことができます。保育者がストーリーエプロンをつくっているうちに夢中になってしまい、気づいたらいくつもつくっていた、ということになるかもしれません。

　その上、使い古しのタオルも利用できるので経済的です。使い古しのタオルならつくって失敗しても、雑巾として使ったりできるので、あらたにストーリーエプロンをつくり直すことにもチャレンジできます。また、汚れたら洗濯をして、また使うこともできます。さまざまな手触りのタオルがあるので、それを楽しむこともできます。さらに、子どもたちがそれらの違いを知る経験にもつなげることができます。タオルにボタンやホック、面ファスナーを取りつければ、日常使うさまざまなスキルを子どもたちが楽しみながら学ぶことができると思います（Hunt & Renfro, p.69）。

　歌遊びや言葉遊びにも使うことができます。たとえば、音符をエプロンに縫いつけておけば、保育者がこのタオルエプロンを身につければ、子どもたちは「あ、これから、みんなで歌をうたうんだな！」と感じ取ることができます。同時に音符というサインを知る機会にもなります。あるいは、はてなマーク（？）のついたタオルエプロンを身につければ、「あ、クイズだ！」と子どもたちはわかるでしょう。

　このように保育者が言葉で説明する前に子どもたちは、これからすることをキャッチできます。その他には、歌のタイトルにかかわるアップリケを取りつけて使うこともできます。たとえば、キャベツ、たい焼き、串団子、チューリップなど、さまざまに発想することができます。このようにストーリーエプロン

は、演じたり使ったりしたいことに合わせて自由自在に次々につくることができます。この手軽さと自由さが、タオルエプロンの特徴です。

　このタオルエプロンは、つくり方がとても簡単なため、保育者だけでなく子どもたちも自分ですぐにつくって遊びに取り入れることもできます。縫いつけるだけでなく、アップリケをつけたり、ホチキスやクラフトテープでタオルに取りつけたりできるので、保育者は子どもたちと一緒にタオルエプロンの製作活動をすることもできます。このプロセスの中でお互いにアイディアを出し合いながら、タオルエプロンとして具体的な形にすることができ、それを日常の遊びの中に取り入れていくことができます。

基本のつくり方

材料　用意するもの：フェイスタオル、アクリルひも（太）3ｍ（15㎝×2本、135㎝×2本）

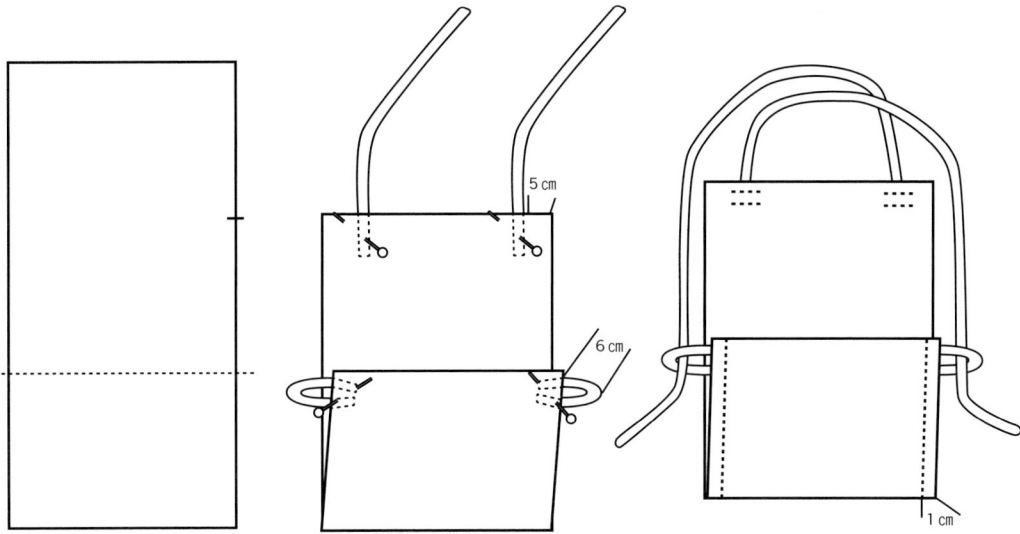

①全体の3分の1のところで折る。

②15㎝に切ったアクリルひもを2つ折りにし、タオルとタオルの間の端に挟み、135㎝に切ったひもはタオルの上部の肩ひもとする。それぞれつける場所を決め、まち針やしつけ糸でとめておく。

③両脇および上部のひもを縫いつける。上部のひもは2か所縫いつけるとしっかりする。

　図のようにひもを通せば、基本のタオルエプロンのできあがり。

Point　タオルエプロン作成上の注意点や応用

　タオルエプロンのポケットにアップリケや背景などをつける場合は、まず一番初めにアップリケなどをつけてから、基本のつくり方を参考にしてつくるようにしましょう（p.75 参照）。あとからつけようと思うと、ポケット部分が2重になっているのでつけにくくなります。

　また、ポケットの中央を縫えば、ポケットの2つついたタオルエプロンになります。使い方によってポケットの数も工夫してみるとよいでしょう。

前かけエプロン

　前かけエプロンとは、腰から下を覆う前垂れ型のエプロンです。前かけエプロンのポケットから、さまざまなパペットなどを登場させて楽しめるため、ストーリーエプロンの基本形といえるでしょう。歌遊び、なぞなぞ遊び、手遊びなどをするのに適しています。

　つくり方もシンプルなので、簡単につくることができ、さまざまに応用できるので、前かけ型のストーリーエプロンが1つあるととても便利です。

　演じ方の基本は、前かけエプロンのポケットに、パペットやペープサートなどをあらかじめ入れておき、これらを出し入れしながら演じます。ポケットに舞台背景を縫いつけてもよいですし、面ファスナーを縫いつけておき、さまざまな作品に応用できるようにしても便利です。

　本書ではこの前かけ型のエプロンの応用例として、舞台付き（画板・スチレンボードなど）の前かけエプロンを紹介しています（p. 45〜49）。画板やスチレンボードなどの板を前かけエプロンに取りつけ、舞台の前と側面にポケットを取りつけたストーリーエプロンです。舞台を取りつけることによって、立体的なものが置けます。また、舞台に面ファスナーをつけ、舞台に配置するパペットやセットなどのほうにも面ファスナーをつければ、舞台にパペットやセットを安定して置くことができます。

　また、この舞台付き前かけエプロンの舞台は、1つのお話だけでなく、さまざまなお話に応用できます。さらに、数名の子どもたちが参加して一緒に演じることも可能です。

　この舞台付き前かけエプロンは、ほかのストーリーエプロンとは異なり、奥行をつくり出すことができ、立体的なパペットとセットで使うことができるのが特徴です。

基本のつくり方

材料 用意するもの：綿などのハリのある布 90㎝幅×100㎝

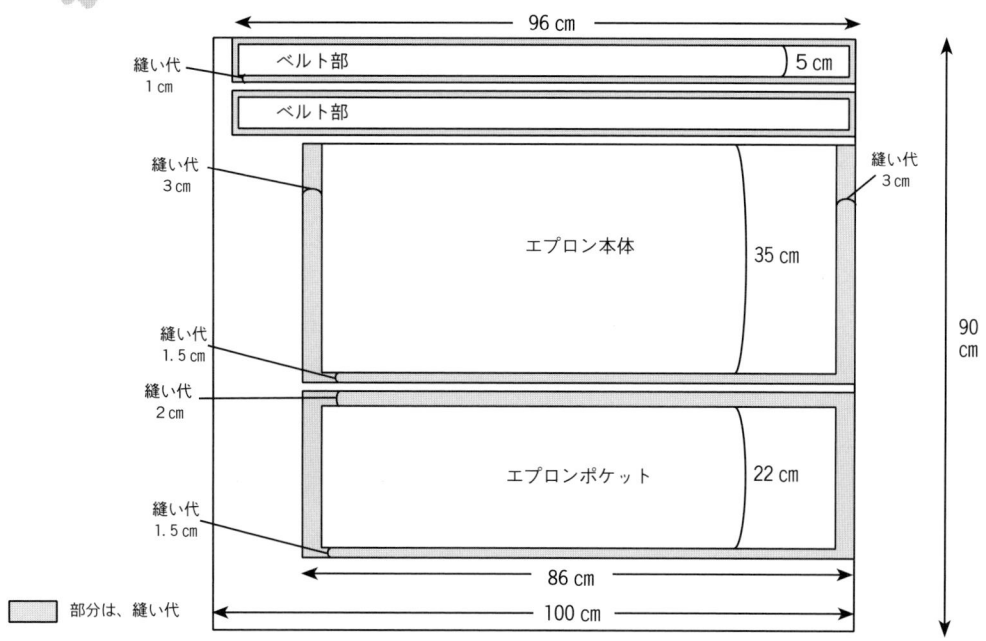

①2枚のベルトを重ねてミシンで縫い合わせつなげる。
つなぎ合わせた縫い代は開いてアイロンをかける

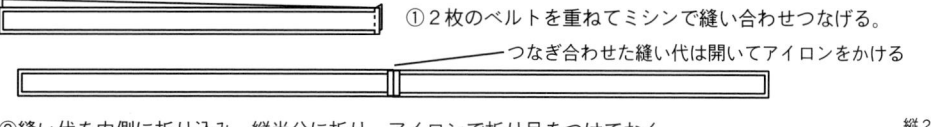

②縫い代を内側に折り込み、縦半分に折り、アイロンで折り目をつけておく。

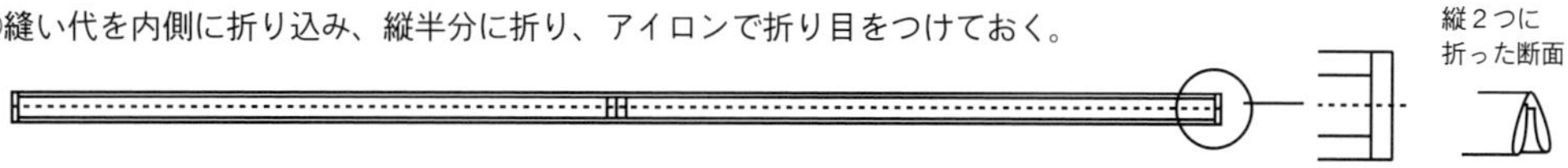

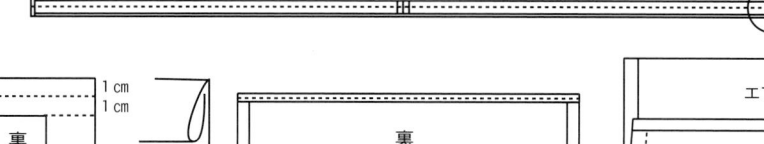

③エプロンポケットの上の部分を三つ折りにしてミシンをかける。

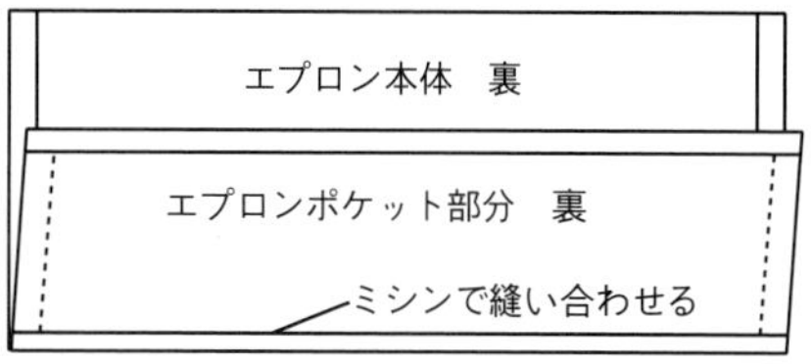

④エプロン本体とエプロンポケット部分の底を縫い合わせる。

⑤底を縫い合わせたら裏返して表の状態にし、両脇を三つ折りにして縫う。次にポケットの中心を縫う。

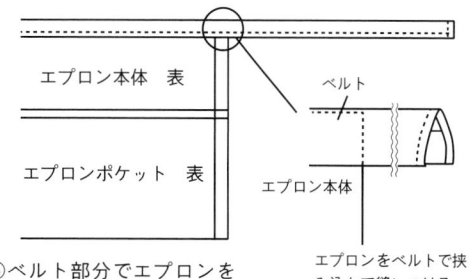

⑥ベルト部分でエプロンを挟み、中心を合わせてベルトと本体を縫い合わせる。

 ポンチョエプロン

　ポンチョエプロンとは、南アメリカ発祥の袖なしコートとして使われているポンチョを舞台にしたストーリーエプロンのことです。ポンチョは、円い布の中央に穴をあけて頭を出して、前後を垂らして着るレインコートのような役割をする上着です。本書ではこのポンチョを使ったストーリーエプロンのことを「ポンチョエプロン」と呼ぶことにします。

　ポンチョエプロンは、いくつかの布を張り合わせて円形になっているので、演じる人が中でまわしながら場面転換を簡単にすることができます。そして、張り合わせの一部を開けておくことにより、そこから手を出してパペットを操作できます。ポンチョ自体が大きいため、舞台として広く使えますし、内側にポケットを縫いつけておけば、小道具やパペットをしまっておく舞台裏として使うことができます。

　ポンチョエプロンの広い舞台は、面ファスナーをあらかじめ取りつけておけば、さまざまなパペットを貼りつけられます。ポンチョエプロン以外にも応用できますが、舞台となるエプロンと同色の布（本書では背景土台と呼ぶ）の上に各場面の背景を縫いつけ、舞台と背景土台に面ファスナーをつけておけば、同じ舞台でもいろいろな背景を貼りつけられ、さまざまな物語や生活指導に応用できます。また、4面ある1面を劇場の幕の図柄にしておけば、はじまりとおわりのはっきりした小さな人形劇を1人で演じることもできます。紙芝居で使われている舞台に似ています。ポンチョエプロンは面が広く、その分、布を多く使うので、重くなってしまうため、できるだけ軽くて透けない布を選ぶのがポイントです。

　また360度、面をまわしながら舞台を変化させることのできるポンチョエプロンは、少しもち上げてとなりの面に移動させるだけで、簡単に場面を変えることができます。このように「まわり舞台」のような変化は、子どもにとって楽しい経験になると思います。次は、どんな場面が隠れているのだろうかと、子どもたちに期待感をもたせられます。保育者にとって、子どもたちをちょっと驚かせるという楽しみもあります。さらに、まわすときが場面転換なので、そのときに登場人物であるパペットを変えることもでき、パペットの舞台への出入りがスムーズにできます。

　他方、ポンチョを着ている国や地域や民族について考えるきっかけを子どもたちに楽しみながら伝えることもでき、国際理解教育につなげられます。

ストーリーエプロンの種類

基本のつくり方

材料 綿などの薄くてハリのある布 90cm幅×300cm
布と同じ色のバイアステープ 520cm

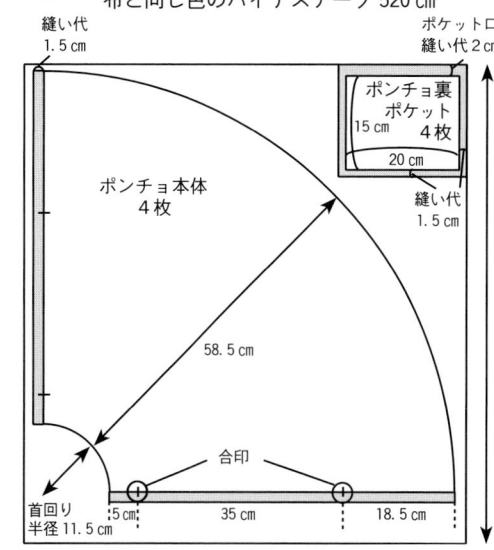

部分は、縫い代

①ポケット口を三つ折りにして縫う。

②ポケットの左右と下の縫い代を内側に折り、アイロンで折り目をつけておく。

③4枚のポンチョ本体のそれぞれの端をミシンなどを使って始末をする（8か所）。

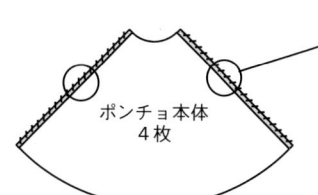

④ポンチョ本体の裏側にポケットを縫いつける（4枚）。

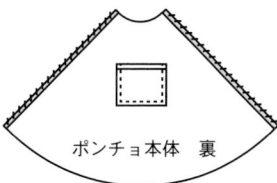

⑤ポンチョ本体の4枚を縫い合わせる。まず2枚を重ねて、合印（下記 point 参照）にまち針をとめ、縫い止まりまで縫い合わせる。

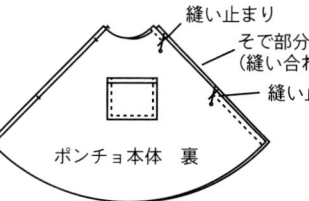

⑥そでの部分の始末をする。縫い合わせたら、縫い代を開き、そでのまわりになる部分にミシンをかける。

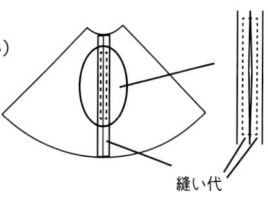

⑦同様に残る3か所とも⑤⑥のように縫い合わせて、円の形にする。

⑧すそとえりぐりの始末をする。網かけ部分すべてをバイアステープでくるみ、ミシンをかける。

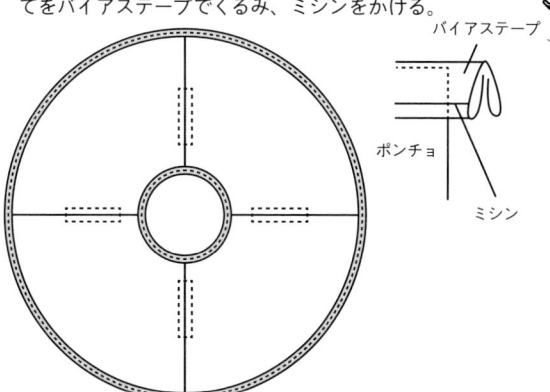

※背景を縫いつける場合は、③の段階で縫いつけ、背景の邪魔にならない場所に④のように裏ポケットをつけましょう。

Point 合印と縫い止まり・あき止まり

合印（あいじるし）とは洋裁の用語で、布を縫い合わせるときにずれないようにつけておく印のことです。製図には合印という言葉は書かれてない場合が多く、印（ノッチ）のみがついています。また、「縫い止まり」とは、「ここまで縫ってください」という意味で、「あき止まり」とは、「ここまであけてください」という意味です。

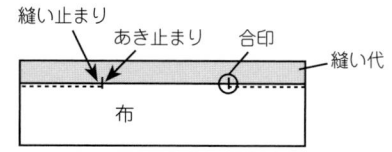

 市販のエプロン

　保育現場などで行われている「エプロンシアター®」は、通常、「エプロンシアター®」用に作成したキルティングの胸当てエプロンに基本的な場面を縫いつけて行うことが多いようです。本書でもタオルや前かけ、ポンチョなどのストーリーエプロン自体のつくり方から紹介していますし、エプロン舞台自体に背景を縫いつけるつくり方も紹介しています。保育者が子どもたちに合わせて考えてつくったストーリーエプロン舞台は、子どもたちにとって親しみのあるものです。しかし、どちらの場合も保育者が1作品ごとに特別なエプロンをつくらなければなりません。これは保育者にとって少し大変なような気がします。

　そこで、本書では市販のさまざまなエプロンを使ったストーリーエプロンも紹介したいと思います。そして、1つのエプロンの使いまわしを提案します。たとえば、市販の胸当てエプロンや割烹着を使ってストーリーエプロンをつくってみましょう。ポンチョエプロンでも紹介したように、市販のエプロンも中央に面ファスナーをつけることで、パペットをつけたり、簡単に背景を変更することができます。そうすることにより、1つのエプロンでさまざまな物語、歌遊び、手遊び、数遊びなどの実践に使いまわせます。

　本書で紹介している実践以外でも、子どもが遊びでしていることと同じように、保育者も市販のエプロンをさまざまに応用してみましょう。ストーリーエプロンは、実践する人のアイディアや工夫でさらに表現が広がっていくものなのです。

　本書で紹介するさまざまなストーリーエプロンの実践を通して、保育者の創造力や想像力、発想力を楽しく自然に育てていくことができます。また、子どもたちにとっても日常、目にしているエプロンが多様に変化する体験を通して、変身したり見立てたりする力が高まっていくでしょう。物が多様に応用できるということを体験的に知ることは、子どもたちにとっても、保育者にとっても生きる力をつけるために必要なことです。

COLUMN
黒い背景のストーリーエプロン舞台の効用

　本書では黒いストーリーエプロンの実践例をいくつか紹介しています。ストーリーエプロン舞台を黒色にすることにより、パペットや大道具や小道具や背景を浮き上がらせることができます。それはエプロン舞台が暗幕の代わりとなり、子どもたちをお話の世界に引き込んでくれる効果があるため、お話などの実践にとても有効なのです。黒いストーリーエプロンをつくって実践してみましょう。実践の際には演じ手も黒い洋服で行うとさらに舞台と一体化し、黒子（くろこ）※）のようにもなり効果的です。

※黒子（黒衣）とは、文楽などで、人形遣いが着る黒い衣装のこと。表に出ずに物事を処理する人のたとえにもなっている。

実践 1　ふしぎなポケット

（歌遊び）

　タオルエプロンに「？（はてな）」のポケットを縫いつけた実践を紹介したいと思います。

　子どもたちも大好きな歌である「ふしぎなポケット」は、まど・みちおが作詞し、渡辺茂が作曲した有名な歌で、ポケットから次々とビスケットが出てくる、という楽しい内容です。同じ形のビスケットではなく、いろいろな形のビスケットを用意しておくとよいでしょう。また、子どもたちといろいろなビスケットのパペットや絵カードをつくって使ってみても楽しいでしょう。

　また、「？（はてな）」のポケットがついたタオルエプロンは、ふしぎなポケットとして、クイズ遊びなどに応用することができます（p.31〜34参照）。

 ふしぎなポケット　　　　　　　　作詞：まど・みちお　作曲：渡辺茂

実践1　ふしぎなポケット［タオルエプロン］　23

| 実践例 3歳児 | 実践前の子どもたちの姿 | 「？」というシンボルが「はてな（？）」という意味であることはわかっていて、すでに「はてなマーク付きタオルエプロン」を使った活動を経験している。 |

保：保育者　子：子ども

場　面	お話の流れ	ポイント
①	保　私、お菓子大好きなの。みんなは好きかしら？ 子　すきー！ 子　食べたい！ 子　私も！ 子　僕も！ （子どもたちは、口々に応える） 保　どんな、お菓子が好きかしら？私は、チョコレートがいちばん好きかな。 子　クッキー！ 子　キャンディー！ 子　チョコ！ （子どもたちは、それぞれ好きなお菓子の名前を言う）	☞ 保育者が問いかけることにより、子どもたちからの自然な反応を導き出します。一人ひとりに応えるようにしてみましょう。 ☞ ある程度子どもからの答えが出つくしたところで次に進むようにしましょう。
②	保　私はチョコレートも好きだけれども、ビスケットも大好きなの。きょうは、「ふしぎなポケット」という歌をみんなとうたいたいなと思っているの。ポケットをたたくとね、ビスケットが出てきます。ほんとかな？ 子　うっそー！ 子　見たいー！ 子　叩いてみて！	☞ さまざまなお菓子が出てきた場合、ビスケットに方向づけるようにしましょう。 ☞ ビスケットはバターなどをたくさん入れると「クッキー」と言うなど、子どもたちのボキャブラリーを増やすようにしましょう。
③	保　では、1、2、3、「ポケットのなかにはビスケットがひとつ」 （ビスケットをポケットから取り出し、胸に貼りつける）	☞ 子どもがうたう準備ができているかを確認して、歌をうたいはじめましょう。ピアノを弾いてくれる保育者がいるとよいですが、いない場合は、伴奏にCDを使うとよいでしょう。 ☞「あら、ふしぎ！　ビスケットが出てきました」というような驚きの表現をしてみましょう。

24　ストーリーエプロンを演じてみよう

場　面	お話の流れ	ポイント
④	保「ポケットをたたくとビスケットはふたつ、そんなふしぎなポケットがほしい」	☞ 2枚目のビスケットをもって動かしながらうたってみましょう。
⑤	保「そんなふしぎなポケットがほしい」	☞ 子どもたちに語りかけるようにうたってみましょう。
⑥	保「もひとつたたくとビスケットはみっつ」	☞ 「あらあら、ふしぎ、また出てきました」という驚きの表現をしてみましょう。
⑦	保「たたいてみるたびビスケットはふえる」	☞ 次々とビスケットをポケットから素早く取り出し、エプロンに貼りつけましょう。

場面	お話の流れ	ポイント
⑧	保「そんなふしぎなポケットがほしい、そんなふしぎなポケットがほしい」 (ビスケットを次々出し、エプロンに貼り、両手にもビスケットをもちながらうたう)	☞ 7枚目と8枚目も動かしながらうたいましょう。
⑨	保 ビスケット何枚あるかしら？みんなも一緒にかぞえてみましょう。1枚、2枚、3枚、4枚、5枚、6枚、7枚、8枚。8枚もありました。	☞ ゆっくりビスケットを一つひとつ指さしながらかぞえるようにしましょう。
⑩	保 今日は、「ふしぎなポケット」の歌をみんなでうたいましたね、明日は、"はてなポケット"からどんなものが出てくるのか楽しみにしてね。	☞ タオルエプロンとビスケットを片づけるための箱を側に用意しておき、これで終わりましたということをはっきり伝えるようにしましょう。

こんなふうに応用してみよう！

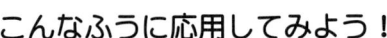

子どもと一緒に自分のタオルエプロンをつくってみてもよいでしょう。パネルシアターで演じてみてもおもしろいでしょう。

低年齢児 ビスケットの枚数を減らして5枚くらいにしてみましょう。かぞえるときは、ゆっくりとビスケットを指さして数を言うようにしましょう。

4歳児 ビスケットの数を増やしてみましょう。ビスケットの数をかぞえるときは子どもが1人で前に出てかぞえたりする活動も加えてみましょう。

5歳児 替え歌をつくり、出てくるものを製作して、一人ひとり違ったものがポケットから出てくるようにして子どもたちで演じてみましょう。また、ビスケットを実際につくる活動につなげることもできます。

実践 2 手を洗おう

（生活習慣）

　子どもが、「健康、安全な生活に必要な習慣や態度を身に付ける」（「幼稚園教育要領」2008年より）ことは、非常に重要です。このことを子どもたちが楽しく学ぶために、ストーリーエプロンは効果的です。そこで、とても簡単につくることができ、他の生活習慣にも応用できるタオルエプロンを使った「手の洗い方」の実践を紹介します。保育者が、「〜しなければなりません」というのではなく、子どもたちが自ら「〜しよう」という心情、意欲、態度を培うためにストーリーエプロンが使えます。たとえば、お弁当や給食を食べるときのマナー、トイレの使い方、衣服の着脱、汗をかいたときの対応、あいさつすること、はさみの使い方など、さまざまな生活習慣の場面に応用できます。

　そこで、ストーリーエプロンのなかでももっともシンプルなタオルエプロンを使えば、1つのタオルエプロンがさまざまな生活習慣を子どもたちに伝えるために応用がききますし、すぐにつくれるので主要な生活習慣を学ぶための数種類のタオルエプロンをつくることもできます。それぞれの生活習慣のシンボルをタオルエプロンに縫いつけておけば、子どもたちは保育者がそのエプロンを着れば、「あ、手洗いについてだ！」、「お弁当のことだ！」と話をはじめる前に察知するでしょう。タオルエプロンを通して、このような推量する力を自然に育てることもできます。

　ここで紹介する「手を洗おう」の実践は、「手の洗い方」についてPペーパーを利用した絵カードを使っています。タオルエプロンだけでなく、パネルシアターと組み合わせることもできますし、パネルシアターだけでも使うことができます。タオルエプロンは、これだけに使うと固定せずに、保育者と子どもたちの工夫でさまざまに使ってみることが何より大切です。この工夫するプロセスにアイディアが具体化されるという重要な経験が含まれています。これが、子どもの自発的な活動としての遊びを保育者が、一緒に発展させたり、援助したり、指導したりすることにつながっています。

　ストーリーエプロンは、物語やお話などをきっかけにして、子どもたちと保育者が一緒に新しい物語やお話をつくっていくことを重視しています。失敗を恐れずに子どもたちと一緒にさまざまなストーリーエプロンを試してみましょう。

実践2　手を洗おう［タオルエプロン］

実践例	実践前の 子どもたちの姿	子どもたちは、日ごろから水道の前に貼られている手洗いの仕方の絵を見ている。
4歳児		

保：保育者　子：子ども

場　面	お話の流れ	ポイント
①	（ばい菌のついた手の絵のPペーパーをすぐ取り出せるよう右ポケットの前のほうに入れておく） 保　お弁当の前には、何をするのかな？ 子　お片づけ！　子　トイレに行く！ 子　テーブルを出す！ 子　手を洗う！ 保　そうね、手を洗うことはとても大切ね。目には見えないけど、手を洗わないと、（ばい菌のついている手の絵が描かれたPペーパーを見せながら）こんなにばい菌が手についています！ 子　わー！ （Pペーパーを左ポケットにしまう）	☞　ポケットに入る大きさを確認してからPペーパーの大きさを決めて、切りましょう。 ☞　Pペーパーの左上に番号を書いておいてもよいでしょう。パネル板などの掲示にも利用できます。 ☞　タオルエプロンのポケットの右側に出す順番を確認しながら並べて入れておくようにしましょう。
②	保　（流水で汚れを洗い流している絵を取り出しながら）まず、流れている水で手を洗いましょう。（タオルエプロン舞台に貼り、同じように手でやってみせる） （Pペーパーを左ポケットにしまう）	☞　Pペーパーの絵を見せてどのように洗いはじめるのか、子どもたちに確認し、保育者自身もゆっくりとやって見せるとよいでしょう。
③	保　石けんを手によくつけて、手を合わせてよくこすりましょう。（泡がたくさんたった絵を見せながら）ほうら、こんなに泡がたっています。泡だったら、手のひらを合わせてよくこすりましょう。 （Pペーパーを左ポケットにしまう）	☞　実際に石けんを見せて手につけるところを見せてもよいでしょう。

場　面	お話の流れ	ポイント
④	保 （手の甲を指さしながら）これが手の甲です。（手のひらを指さしながら）これが、手のひらです（右手で左手の甲を洗っているＰペーパーを見せてタオルエプロンに貼る）。手のひらと手の甲を合わせて、よくこすりましょう。 （Ｐペーパーを左ポケットにしまう）	☞ Ｐペーパーを貼ったあとに、実際に手のひらと手の甲を合わせてこするデモンストレーションもしてみましょう。 ☞ ５歳児の場合は、手の甲を指しながら、「これは、何と言いますか？」と質問してもよいでしょう。
⑤	保 （両手を交差して指の間を洗っている絵を見せてからタオルエプロンに貼る）今度は、両手の指を組んで、指の間をよく洗いましょう。 （Ｐペーパーを左ポケットにしまう）	☞ 実際に両手の指を組むというデモンストレーションをしてみましょう。
⑥	保 （左手の手のひらに右手の指を乗せて爪を洗っているＰペーパーを見せてからタオルエプロンに貼る）手のひらに反対の手の指を乗せて、爪をたてて、爪をよく洗いましょう。 （Ｐペーパーを左ポケットにしまう）	☞ 実際に爪を洗っているデモンストレーションをしてもよいでしょう。
⑦	保 今度は少しむずかしいかな（右手を筒状にして、そこに左手の親指を入れて洗っているＰペーパーを見せてからタオルエプロンに貼る）。手をグーにして、そのなかにもう片方の親指を入れて、ねじるようにして洗います。みんなで、やってみましょう。まず、手をグーにして、そのなかに反対の親指を入れます。そして、グーを前後に動かしてみましょう（ねじるように洗っているのを見せながら）。そうそう、上手ですね。 （Ｐペーパーを左ポケットにしまう）	☞ 子どもたちができているかを確認してから、次へ行くように動作に余裕をもちましょう。 ☞ 洗い方ができている子どもの名前を呼んで、声をかけてみましょう。

実践2　手を洗おう［タオルエプロン］　29

場　面	お話の流れ	ポイント
⑧	保　今度は、手首を洗います。手首ってどこかな？ 子　（手首を指しながら）ここ！ 保　そうですね。ここが手首ですね（手首を洗っているPペーパーを見せてからタオルエプロンに貼る）。手首を反対側の手でねじるように洗いましょう。 （Pペーパーを左ポケットにしまう）	☞ 子どもたちが、手首がわからないようだったら、保育者が「ここが手首ね」と指示しながら子どもたちに伝えましょう。 ☞ 子どもたちが、さまざまな体の部位の名称について保育のなかで知っていくように心がけましょう。
⑨	保　せっかくきれいにしたので、水道の蛇口も洗ってあげましょう（水で石けんを流しているPペーパーを見せてからタオルエプロンに貼る）。それから、水を出して、きれいに石けんを洗い流しましょう。よーく、石けんを洗い流しましょうね。 （Pペーパーを左ポケットにしまう）	☞ 蛇口を知らなかったら、絵を使って示しましょう。
⑩	保　手がきれいになりました。次は、どうしたらいいかな？ 子　タオルで拭く！ 保　そのとおりですね（タオルで手を拭いているPペーパーを見せてからタオルエプロンに貼る）。タオルでしっかり拭きましょうね。 （Pペーパーを左ポケットにしまう）	☞ 臨機応変に子どもたちへの問いかけに変えてみましょう。
⑪	保　手を洗わないと、こんなにばい菌がいます（ポケットにしまってあった、ばい菌のついた手のPペーパーを見せる）。 （Pペーパーを左ポケットにしまう）	☞ ばい菌の手を見せるときは、「わー、大変！」というような表現をしてみましょう。

場　面	お話の流れ	ポイント
⑫	保　こんなにきれいになりました！（ばい菌のついていないPペーパーを見せてタオルエプロンに貼る）みんなの手はどうかな？ 保　では、これから、みんなで手を洗ってみましょうね。順番に洗面所に行きましょう。 子　はーい！	☞ 子どもたちがあわてて洗面所に行かないように、グループの名前を言ったりしてみましょう。

こんなふうに応用してみよう！

　Pペーパーで手洗いのイラストを作成していますので、パネルシアターに応用してもよいでしょう。パネル板に掲示しながら、全体の順番を確認できるようにするとより効果的です。

　この実践をしたあとで、いつ手を洗ったらよいか、子どもたちに考えさせる問いかけを帰りの集まりのときなどにしてみるとよいでしょう。帰りの時間など、子どもたちに手洗いの順番とやり方を質問して確認してみましょう。

　さらに、子どもたち同士が自分たちでタオルエプロンの手洗いを演じて、友だちに見せる機会を設けてもよいでしょう。

　他の生活習慣についても、子どもたちと一緒に考えてタオルエプロンをつくる活動へつながるとよいでしょう。

低年齢児　手洗いを進んで行えるように、手洗いの正確さを伝えるより、楽しさやきれいになることのうれしさを伝えるようにしましょう。

3歳児　絵だけでなく、実際にやって見せることを増やしてみましょう。

5歳児　子どもたちに質問し、子どもたちが応える場面を増やしましょう。保育者が一緒に示す部分を減らし、子どもたちだけでできているか確認するとよいでしょう。石けんの役割について考えることにつなげることもできるでしょう。

タオル
エプロン

実践 **3** はてなポケット

(クイズ)

　実践1「ふしぎなポケット」(p.22～25参照)でつくった「はてなマーク付きタオルエプロン」を使って、別の実践を紹介したいと思います。ストーリーエプロンの特徴は、1つのエプロンをさまざまな実践に応用していくことで、特定のやり方でしなければならないといった型にはまった考え方をしないことです。できるだけ1つのエプロンをさまざまな実践に使ったり、保育者と子どもたちのアイディアで新しい実践に展開したりしていくようにしてみましょう。だからといって、本書で紹介している実践と同じことをしてはいけませんということではありません。実践を参考にするなかで、保育者が子どもたちと一緒に新しいやり方を編み出して、オリジナルのストーリーエプロンをつくることをとても大切にしているからです。このような考え方と体験の積み重ねが、日常の保育で子どもたちと遊びをともに発展させていくことにつながると考えます。

　実践3では、タオルエプロンに取りつけてある「はてなポケット」のなかにあらかじめ物を入れておき、保育者がそれを触りながら、どのような形をしているか、どのような手触りか、といった物の特徴を言葉で表現します。このような言葉によるヒントから、具体的な物をイメージして、物が何であるかを子どもたちが当てるクイズです。つまり、物の特徴を表す言葉と具体的な物をつなげる体験をクイズ形式で行います。このように物とシンボルのつながりを遊びながら学ぶことは、子どもの好奇心をかきたて、子ども自らが「もっと知ろう」という心情、意欲、態度を培います。そして、ストーリーエプロンの基盤であるクリエイティブ・パペトリーとクリエイティブ・ドラマは、「楽しさ」が何より重要です。したがって、「はてなマーク付きタオルエプロン」を通して、子どもたちが楽しみながら言葉の機能を知る機会を得ると思います。また、このエプロンを使って、日常のなかや遊びのなかで子どもたちが、数量や図形などに関心をもつきっかけをつくれます。たとえば、どちらが大きいかな、どちらが小さいかなといったことをポケットから出した絵カードや具体物を使いクイズ形式で行えます。あるいは、三角形をした山の絵を見せて、裏返すと図形の三角を示せます。また、丸いおせんべいを見せてから、裏返すと図形の円を見せることもできます。そこから、同じ図形を探す活動や似ている図形を探す活動にも広がります。「はてなマーク付きタオルエプロン」は、日常とつなげて新しいことや言葉を知るきっかけを楽しみながら伝えられます。

32　ストーリーエプロンを演じてみよう

実践例 5歳児

実践前の子どもたちの姿　すでに「はてなマーク付きタオルエプロン」を使ったクイズの経験を何度もしている。

保：保育者　子：子ども

場　面	お話の流れ	ポイント
①	（2つの物をポケットに入れておく。当たった物を置く机を保育者の右横に設置しておく） 保　このエプロンをしたら何かな？ 子　当てっこ！ 子　クイズ！ 子　これなーに！ 保　当たり！　はてなポケットですね。では、今日は何が入っているかな……。 子　早くヒント！ 保　では、はじめましょう。	☞ はじめての場合は、保育者が、物の特徴を言うので、それが何であるかを当てる、というゲームのやり方を説明しましょう。 ☞ 年齢に応じて、どういうヒントを出すか考えておきましょう。
②	保　（Bブロック®を触りながら）表面はツルツルしています。あれ、穴があります。穴の形は丸です。 子　わかんない。 子　もっと、ヒント！ 保　まっすぐかと思ったら、あれー、山みたい。 子　えー！ 子　ヒント！ 保　アルファベットの名前がついているものみたい……。	☞ Bブロックの特徴の言い方は、年齢や子どもたちの反応に応じて、さまざまに工夫してみましょう。 ☞ 子どもたちの興味をひくように、何かしら、という表情をして物に触りながらヒントを出してみましょう。
③	子　えー、アルファベット？　それ何？ 保　ＡＢＣのことよ。 子　そうか。どのアルファベット？ 保　どれどれ、Bみたい。 子　B？ 保　いつも使って遊んでいます。いくつか合わせたりします。 子　Bブロックだ！ 保　（はてなポケットからBブロックを取り出しながら）大当たり！ （机の上に置く）	☞ 子どもからのアイディアを待ったり、「○○ちゃんは、何だと思う？」と聞いてみたりしてみましょう。 ☞ ポケットから出すときは、よく当たりました、という雰囲気を表現してみましょう。

※ ® は商標登録記号

実践3　はてなポケット［タオルエプロン］　33

場　面	お話の流れ	ポイント
④	保　（ポケットのなかのスプーンを触りながら）次は何かな、ふむふむ……。 子　早く、早く！ 保　表面は、これもツルツルしています。片方の端から触っていると、平べったくて、細いですね……と思っていたら、へこんできました……と思ったら、盛り上がってきました。まわりを触っていくと……。 子　わかった、フォーク！	☞　もったいつけるように話したり、間を少し開けたり、言い方と内容をさまざまに工夫してみましょう。 ☞　子どもたちから答えがなかなか出にくい場合は、「銀色です」とか「ごはんのときに使います」など具体的なヒントを出してみましょう。
⑤	保　先がとがっていませんね……。何か、丸い形をしています……。 子　スプーン！ 保　（スプーンを取り出しながら）大当たり！　スプーンです。お匙とも言いますね。	☞　子どもたちが、何だろうと思うようなセリフを考えてみましょう。 ☞　物の別の言い方も紹介するようにしましょう。

☞　時間や子どもたちの興味に合わせて、クイズを出す回数を調整しましょう。

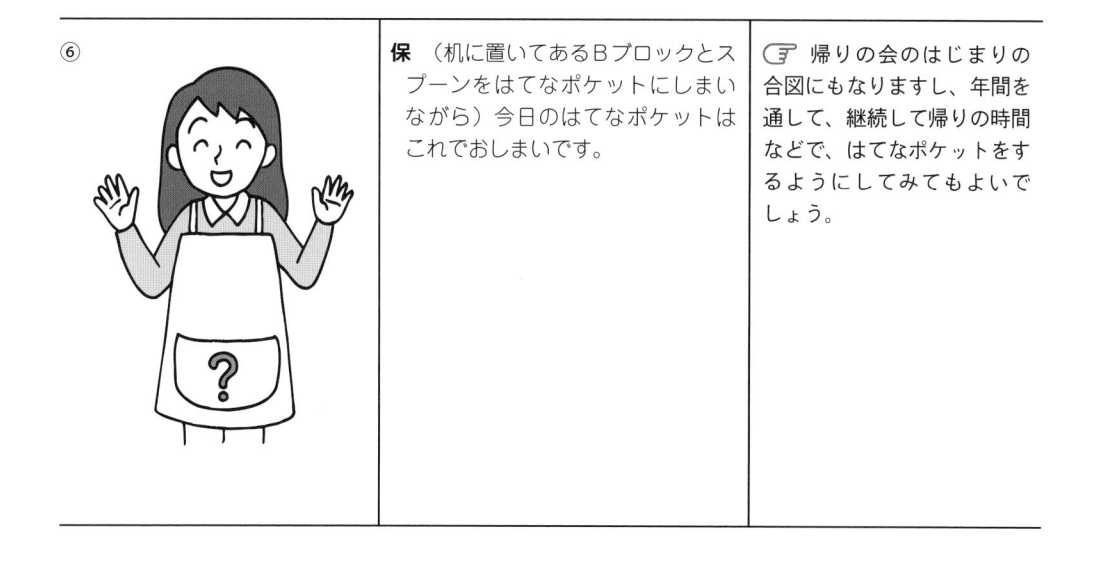

場　面	お話の流れ	ポイント
⑥	保　（机に置いてあるBブロックとスプーンをはてなポケットにしまいながら）今日のはてなポケットはこれでおしまいです。	☞　帰りの会のはじまりの合図にもなりますし、年間を通して、継続して帰りの時間などで、はてなポケットをするようにしてみてもよいでしょう。

こんなふうに応用してみよう！

子どもたちの1人が、「はてなマーク付きタオルエプロン」を着て、クイズを出す活動に発展させてみましょう。子どもたちが知らない物を選び、「はてなマーク付きタオルエプロン」を使って新しい物を紹介してみましょう。

道具の使い方を説明するときの導入に「はてなマーク付きタオルエプロン」を使ってみるとよいでしょう。

低年齢児 子どもたちがよく知っているものを選ぶようにしましょう。たとえば、よく使って遊んでいるおもちゃなどがよいでしょう。

3歳児 なかなか当たらなかったら、当たりやすいヒントを出したり、ポケットの上から触らせたりするようにしてみましょう。

4歳児 子どもたちが、想像しやすい物を選ぶようにしましょう。子どもたちがそのとき興味をもっているものを使うようにしましょう。慣れてきたら子どもがクイズを出す役になるようにしてみましょう。

COLUMN
好奇心を育てるクイズ

領域「環境」において、「生活の中で、様々な物に触れ、その性質や仕組みに興味や関心をもつ」ことが内容として示されています。子どもたちは、たくさんの物に囲まれて生活しています。そのなかでさまざまな物に触れたり、確かめたり、使ったりしながら、徐々に物の性質や仕組みについて気づいてきます。このような子どもの体験をまとめたり、整理したり、新しい情報を提供するためにストーリーエプロンを応用することができます。たとえば、子どもたちの遊びが発展していくために新しい玩具や道具を紹介するときに、子どもたちの「なんだろう？」という好奇心を刺激しながら、クイズ形式にしてストーリーエプロンを使うことができます。あるいは、子どもたちが物は見たことがあるが、使い方を知らないときに、質問しながら、その物がどういう使い方をするかを子どもたちに教えることもできます。保育者が、「これは、〇〇という名前で、こう使います」と説明するより、子どもたちが、物について「なんだろう？」と興味と関心をもちながら知っていく、というやり方は、遠まわりをしているように思われますが、子どもたちの好奇心を育てることになります。この好奇心を子どもがもっていれば、自ら新しい物や新しいことを知ろう、という心情、意欲、態度が身についていくと思います。そのための具体的な方法として、クイズはとてもよいと思います。

また、保育者が、子どもたちにゲームとして問い返すので、子どもたちからの自発的な発話を導き出すことができ、子どもたちは「当たったー！」という成功感を味わえます。

実践 4 すうじの歌

前かけエプロン

（歌遊び）

　「すうじの　いちは　なあに　こうばのえんとーつ」ではじまる1957（昭和32）年につくられた「すうじの歌」（夢虹二作詞・小谷肇作曲）は、どの時代の子どもたちにも親しみのもてる数え歌です。数字の形をものに見立てた歌詞は、子どもたちの想像力や発想力を広げます。また、子どもたちが、数字に興味を示すきっかけにもなります。

　この歌に慣れてきたら、歌詞に出てくるものだけでなく、それぞれの数字がどんなものに見立てられるか、子どもたちに問いかけてもよいでしょう。さらに、11以上の数字について、何に見立てられるか、子どもたちと一緒に考えて、替え歌をつくってみるのもおもしろいでしょう。数字や記号を覚え込ませるのではなく、子どもたちの興味と関心にもとづいて徐々に知っていくと楽しいと思います。

　実践4では、シンプルな前かけエプロンとペープサートを組み合わせた実践を紹介します。大きなポケットのある前かけエプロンを使えば、簡単にペープサートを出し入れすることができます。ペープサートをポケットからパッと出して、歌に合わせてサッと裏返しにすることができます。ここで気をつけたいことは、歌と違ったペープサートを出さないように、順番に並べたり、棒に番号や印などをつけたりしておくことです。ペープサートは、簡単につくれるので、他の歌にも応用でき、使う人が工夫してすぐにつくれることが、前かけエプロンとペープサートの組み合わせの魅力です。

MUSIC　すうじの歌
作詞：夢虹二　作曲：小谷肇

1. すうじのいちは　なあに　こうばのえんとーつ
2. すうじのにーは　なあに　おいけのがちょーう
3. すうじのさんは　なあに　あかちゃんのおみーみ
4. すうじのしーは　なあに　かかしのゆみーや
5. すうじのごーは　なあに　おうちのかぎーよ
6. すうじのろくは　なあに　たぬきのおなーか
7. すうじのしちは　なあに　こわれたラッーパ
8. すうじのはちは　なあに　たーなのだるーま
9. すうじのきゅうは　なあに　おたまじゃくーし
10. すうじのじゅうは　なあに　えんとつとおつきさま

36　ストーリーエプロンを演じてみよう

| 実践例 4歳児 | 実践前の子どもたちの姿 | 記号などに興味を示す姿が日常の保育で見られたり、物を指しながら数をかぞえる姿が見られる。また欠席した友だちが何人いるかといったことにも関心をもてるようになってきている。 |

保：保育者　子：子ども

場　面	お話の流れ	ポイント
①	保　みんな数字をかぞえられるかな？（指を1本出しながら）これはいくつかな？ 子　いち！ 保　（2本出しながら）これは？ 子　に！ 保　（5本出しながら）これは？ 子　ご！ 保　そのとおり！　では、みんなで「すうじの歌」をうたってみましょう。	☞ ペープサートは番号順にポケットにしまいましょう。 ☞ 取り出すときに、間違わないようにペープサートの棒に数字を書いておきましょう。
②	保　（エプロンの右のポケットからペープサートを出しながら）数字の1は　なあに 保・子　（ペープサートを裏返す）工場のエントツ！　もくもく。 （ペープサートを左のエプロンのポケットにしまう）	☞ 以後、同じようにペープサートをポケットから取り出して、使い終わったら、素早くしまいましょう。
③	保　数字の2は　なあに 保・子　お池のガチョウ！　ガーガー。	☞ 子どもたちに問いかけるように「なあに」を表現してみましょう。 ☞「ガーガー」と思い切って表現してみましょう。

実践4 すうじの歌［前かけエプロン］

場　面	お話の流れ	ポイント
④	保　数字の3は　なあに 保・子　赤ちゃんのお耳！　ぴくぴく。	☞　擬音や擬態音はリズミカルにうたってみましょう。
⑤	保　数字の4は　なあに 保・子　かかしの弓矢！　ビュンビュン。	☞　子どもたちが自然に唱和できるようにしてみましょう。 ☞　一部の子どもたちだけではなく、視線を動かしながら、全員の子どもたちにうたいかけるようにしましょう。
⑥	保　数字の5は　なあに 保・子　お家の鍵よ！　ガチャガチャ。	☞　ペープサートをあわてず、ゆっくり取り出すようにしてみましょう。 ☞　子どもの目を見るようにしてうたいましょう。
⑦	保　数字の6は　なあに 保・子　タヌキのおなか！　ポンポコポン。	☞　ペープサートを左右に動かしながらうたってみましょう。 ☞　「ポンポコポン」のときは手でおなかをたたいたりしてみてもよいでしょう。

場　面	お話の流れ	ポイント
⑧	保　数字の7は　なあに 保・子　壊れたラッパ！　プッププー。	☞ 隠れている数字がわかるように指をさしたりしてみましょう。
⑨	保　数字の8は　なあに 保・子　棚のダルマ！　ゴロンゴロン。	☞ 擬態語は、体も歌に合わせて動いてみましょう。
⑩	保　数字の9は　なあに 保・子　おたまじゃくし！　スイスイ。	☞ スイスイ泳ぐような動きをしてみてもよいでしょう。
⑪	保　数字の10は　なあに 保・子　エントツとお月様！　おしまい。	☞ 子どもたちが、もっとうたいたいようだったら、くり返してうたってみましょう。

実践4 すうじの歌［前かけエプロン］ 39

場　面	お話の流れ	ポイント
⑫	保（2の絵を見せながら）これは、どんな数字が隠されていますか？ 子　2！ 保　当たり！　ではこれは？ （10までランダムに選んでしてみましょう）	☞ 年齢に応じて問いかけを変えてみましょう。

こんなふうに応用してみよう！

　この実践になれてきたら、「すうじの歌」の替え歌をつくってみましょう。また、替えてつくったものの絵を描いてみましょう。11以上の数字について考えて歌をつくってみてもよいでしょう。また、好きな数字を書いて、何かの一部にすることができるか子どもたちと考え、実際に描いたりしてもおもしろいです。

低年齢児　歌の楽しさや裏返すと絵が変わるペープサートの楽しさを大切にしましょう。また、歌詞のなかの「もくもく」「ガーガー」などの擬態語や擬声語などの楽しさがわかるようにするとよいでしょう。

3歳児　最後の数字のクイズ（実践場面⑫）のときは、1から順に子どもに質問するようにしましょう。

5歳児　歌詞にある以外の数字のペープサートもつくってみましょう。ペープサートをランダムに取り出して、何の数字か当てる数字クイズをしてみましょう。歌とは違う擬態語や擬声語を考えて表現してみましょう。

COLUMN
知らない間に学ぶ数量！

　子どもたちに数量を知識として教え込むのではなく、生活や遊びを通して、必要感を感じて物をかぞえたり、量を比べたりする体験を重ねていくことが大切です。たとえば、ストーリーエプロンを使って、「キャベツのなかから」（p.61〜64）の青虫の数を保育者と一緒にかぞえたり、「おだんごぱん」（p.65〜70）で何匹の動物が登場したか、パペットを示しながらかぞえたり、歌をうたいながら数字を覚えたり、さまざまな可能性があります。子どもたちが、おもしろいな、楽しいなと感じながら、気がついたら数や量についてさまざまに体験して、興味をもった、という環境を保育者がつくり出すようにしましょう。

実践 5　1匹の野ねずみ

前かけエプロン

（歌遊び）

　「1匹の野ねずみ」という手遊びは、次々に野ネズミが登場して、穴ぐらで「チュチュチュチュ」と大騒ぎします。手遊びでは、指で野ネズミを表現しますが、ここではポケットからさまざまな野ネズミの指人形を登場させます。

　指人形を使うことで子どもたちが、どこに注目したらよいか、という目印をはっきり示せます。また、指人形のネズミとその動きが、かわいらしいので子どもたちの興味と関心をかきたてると思います。

　この歌は、「チュチュチュチュ」というネズミの鳴き声のくり返しがある楽しい歌です。この鳴き声に合わせて指人形を動かすと楽しさが倍増すると思います。また、ネズミを使って1から5の数字に子どもたちが触れることもできます。ここでは、1匹から5匹のネズミを使っていますが、数を増やすこともできます。さらに、ネズミではなく、別の動物を使った替え歌を子どもたちと一緒につくれます。たとえば、「野ネズミ」という4文字を「かばさん」、「ねこさん」、「いぬさん」、「ライオン」などに置き換えて、その動物の指人形をつくっても楽しいでしょう。

　前かけエプロンから指人形を取り出して、使い終わったらしまえるので、保育室だけでなく、遊戯室、ホール、園庭、遠足時の野外などでも演じることができます。前かけエプロンと指人形の実践はシンプルなので、保育者だけでなく、子どもたち自身で演じることができます。

MUSIC　1匹の野ねずみ

作詞：鈴木一郎　作曲：二階堂邦子

1. いっぴきの　のねずみが　あなぐらに　やってきて
2. に－ひきの　のねずみが　あなぐらに　あつまって

チュチュチュチュ　チュチュチュチュ　（　　　　　　　　　）おおさわぎ
チュチュチュチュ　チュチュチュチュ　チュチュチュチュチュチュチュチュ

実践5　1匹の野ねずみ［前かけエプロン］　41

| | 実践例 | 2歳児 | | 実践前の子どもたちの姿 | すでにこの手遊びを何度か経験している。 |

保：保育者　子：子ども

場　面	お話の流れ	ポイント
①	保　今日は、小さな動物を連れてきたのだけれども、何かな？ 子　あり！ 子　すずめ！ 子　ねこ！ （子どもたちはさまざまな小動物の名前を言う） 保　見たい？ 子　見たい！ 保　出てきてください（ポケットからネズミの指人形を少し出す）。 子　ネズミだ！ （ネズミを取り出し手で隠しながら、指人形を耳元に当てる） 保　（ネズミと話しているように）え、恥ずかしいの？（子どもたちに向かって）ネズミさんに会いたい？ 子　会いたい！ 保　（ネズミと話しているように）なになに、みんながネズミの歌をうたってくれたら出てきてくれるの。（子どもたちに向かって）みんな、ネズミさんの歌を覚えていますか？ 子　覚えてる！　うたえる！ 保　では、みんなでうたってみましょうね。いち、に、さん！ （ネズミの指人形をポケットから出す）	☞　すぐに当たるようにするのではなく、むしろさまざまな動物の名前が子どもから出てくるようにしましょう。 ☞　かくれんぼの要素を取り入れて、ネズミの指人形を出したり引っ込めたりするようにしてみましょう。
②	（ポケットから、右手の人差し指にネズミの指人形をはめ、動かしながら登場させ、左手の人差し指と軽く打ち合わせる） 保・子　いっぴきの　のねずみが　あなぐらに　やってきて　チュチュチュ　チュチュチュチュ　おおさわぎ	☞　ネズミは、前かけエプロンの右側のポケットに入れておくようにしましょう。 ☞　チュチュチュというネズミの鳴き声は、パペットのネズミが鳴いているように表現してみましょう。

場　　面	お話の流れ	ポイント
③	（ポケットから、右手の人差し指と中指にネズミの指人形をはめ、動かしながら登場させ、左手の中指と軽く打ち合わせる） **保・子**　にひきの のねずみが あなぐらに やってきて チュチュチュ チュチュチュ チュチュチュ チュチュチュチュ おおさわぎ	☞ 子どもたちが、一緒にうたっているか様子を見るようにしましょう。 ☞ 子どもたちにネズミが話しかけるような動きも取り入れてみましょう。
④	（ポケットから、右手の人差し指と中指と薬指にネズミの指人形をはめ、動かしながら登場させ、左手の薬指と軽く打ち合わせる） **保・子**　さんびきの のねずみが あなぐらに やってきて チュチュチュ チュチュチュチュチュ チュチュチュチュチュチュ チュ チュチュチュチュチュチュ おおさわぎ	☞ くり返しが多いのでチュチュチュの表現やネズミの指人形の動かし方をさまざまに工夫してみましょう。 ☞ ネズミが増えていく様子をチュチュチュの数を増やすことで表現すると子どもたちも喜びます。
⑤	（ポケットから、右手の人差し指と中指と薬指と親指にネズミの指人形をはめ、動かしながら登場させ、左手の親指と軽く打ち合わせる） **保・子**　よんひきの のねずみが あなぐらに やってきて チュチュチュ チュチュチュチュチュ チュチュ チュチュチュチュチュ チュ チュチュチュチュチュチュ チュチュチュチュチュチュチュ チュ おおさわぎ	☞ 保育者が楽しそうに表現してみましょう。
⑥	（ポケットから、右手の人差し指と中指と薬指と親指と小指にネズミの指人形をはめ、動かしながら登場させ、左手の小指と軽く打ち合わせる） **保・子**　ごひきの のねずみが あなぐらに やってきて チュチュチュチュ チュチュチュチュ チュチュチュ チュチュチュチュチュ チュチュ チュチュチュチュチュチュ チュ チュチュチュチュチュチュ チュチュチュチュチュチュチュ チュ おおさわぎ	☞ また、ネズミが出てきました、というような驚きの表現も加えてみましょう。

実践5　1匹の野ねずみ［前かけエプロン］　43

場　面	お話の流れ	ポイント
⑦	**保**　ネズミさんが、たくさん出てきましたね。何匹いるかな？ **保・子**　1匹、2匹、3匹、4匹、5匹。 **保**　ネズミが5匹いましたね。	☞ ネズミの指人形と数を一致させるように配慮しましょう。 ☞ 3歳児の場合は、保育者と一緒に数をかぞえるのではなく、子どもたちだけでかぞえ、保育者はそれに合わせてネズミの指人形を動かしてみましょう。
⑧	**保**　では、ネズミさんにさようならを言いましょう。1匹目のネズミさん、さようなら（小指からネズミを外しポケットにしまう）。2匹目のネズミさん、さようなら（薬指からネズミを外しポケットにしまう）。3匹目のネズミさん、さようなら。（同様に中指から）4匹目ネズミさん、さようなら（同様に人差し指から）。	☞ 子どもたちが、自然に「さようなら」と唱和するように方向づけましょう。
⑨	**保**　5匹目のネズミさん、さようなら（親指のネズミを外しポケットにしまう）。	☞ 「さようなら」のさまざまな表現を考えて、実際に表現してみましょう。

場　面	お話の流れ	ポイント
⑩	保　5匹のネズミさんは、お家に帰って行きました。また、ネズミさんが遊びに来てくれるといいですね。明日は、違う動物が遊びに来てくれるかもしれませんね。 （エプロンを脱ぎ、片づける）	☞　子どもたちから意見が出てきたら、取り上げて、応えるようにしたり、他の子どもたちに問いかけたりしてみましょう。 ☞　子どもたちが、またネズミに会いたいなと思うように、余韻を感じさせるようにしましょう。 ☞　エプロンを外すことで、これで今日は終わりですよ、ということを子どもに知らせるようにしましょう。

こんなふうに応用してみよう！

　子どもたちが、数を「いち、に、さん、し、ご」と言うだけでなく、物と合わせながらかぞえることもしてみましょう。たとえば、1つの野ネズミの指人形を指さしながら「1匹」とかぞえたり、2つの野ネズミの指人形を登場させ、「1匹、2匹」と言ったりすることです。そうすることにより、物と対応させながらかぞえる、という経験を子どもたちが重ねることができます。

　また、同じ指人形を使って、ネズミが登場する別の手遊びや歌遊びを子どもたちと探したり、保育者が紹介したりすることも楽しいでしょう。さらに、ネズミのお家をつくろう、という活動に発展させることもできます。さらに、段ボールを家の形に切り、そこに窓を開け、窓下に数字を書いて指人形のネズミが数字を探す、というクイズ遊びに発展させることもできます。

3歳児　数とネズミの指人形をゆっくりと確実に一致させるようにしましょう。

4歳児　6匹以上の野ネズミを登場させてみましょう。

5歳児　子どもたちが、ネズミの数を自分たちでかぞえるような参加の場面をつくってみましょう。ネズミの家をつくって、劇遊びに発展させてみましょう。あるいは、子どもたちがネズミになって劇遊びをすることもできます。

実践 6 三びきのやぎのがらがらどん

前かけエプロン 舞台付き

（北欧の昔話）

　『三びきのやぎのがらがらどん』は、子どもたちが何度もくり返し語り聞かせてもらいたがる物語の1つです。このお話は、がらがらどんという大中小のやぎが山草を食べに行くために、怖いトロルが住んでいる橋を渡るところからはじまります。最初に小さいやぎのがらがらどんが、橋を渡りはじめると、突然橋の下からトロルが出てきて食べようとしますが、小やぎは、次にもっと大きいやぎが来るから、とトロルに説明して橋を渡ります。次に橋を渡りに来た中くらいのやぎのがらがらどんも次にもっと大きいやぎが来るから、と言って、橋を無事に渡ります。最後にとても大きなやぎのがらがらどんが、トロルと対決して、トロルをやっつけ谷底に落とし、無事に3匹のやぎは、山でたくさん草を食べ、おなかがいっぱいになりお家に帰るというお話です。

　この話はくり返しがあったり、子やぎから中やぎ、そして大やぎとだんだんやぎが大きくなったりするところが、子どもたちをひきつける魅力になっています。さらに、子やぎは子やぎなりに、中やぎは中やぎなりに考えてトロルと橋の上で真剣に向き合う場面は、緊張感がある山場です。そして、最後の大やぎとトロルとの戦いの場面は、最大の山場で、その後にハッピーエンドが用意されている実によくできた劇化しやすい昔話の1つです。物語の大筋を踏み外さなければ、子どもたちと一緒にさまざまに応用しながら劇化できます。

　3歳児くらいの子どもたちがとくに喜ぶストーリーですが、お話の展開から、劇遊びなどに応用することで高年齢児でも十分に楽しめますし、ストーリーエプロンでパペットなどを使い演じることで、視覚的に理解できるので、低年齢の子どもたちも楽しめます。

　ここでは、舞台付きの前かけエプロンを使った実践を紹介したいと思います。舞台付きの前かけエプロンは、立体的なパペットを置くことができ、奥行きも使って表現することができます。また、首からぶら下げて操作するため、両手が使えるので、パペット操作の幅も広がります。舞台付きの前かけエプロンが1つあると、いろいろなお話に応用できます。テーブルを使った人形劇や劇遊びに発展させていくこともできます。

ストーリーエプロンを演じてみよう

実践例 3歳児	**実践前の子どもたちの姿**	子どもたちはこれまでに、『三びきのやぎのがらがらどん』の絵本の読み聞かせをすでに経験している。

保：保育者　N：ナレーター

場面	お話の流れ	ポイント
①	**保**（舞台付きの前かけエプロンを首から下げる）『三びきのやぎのがらがらどん』のはじまり、はじまり。	☞ あらかじめ、やぎとセットの山と橋をポケットのなかに入れておきましょう。 ☞ トロルは上手（かみて）（下記COLUMN参照）のポケットに入れておきましょう。 ☞ 子どもたちの発言があったら、取り上げて一段落してからはじめましょう。
②	**N** 昔々、三びきのやぎのがらがらどんが、山に住んでいました。 **小やぎ** 小さいやぎのがらがらどんです（舞台に貼りつける）。 **中やぎ** 中くらいのやぎのがらがらどんです（舞台に貼りつける）。 **大やぎ** 大きなやぎのがらがらどんです（右手でもっている）。 （下手にはげ山を置く） **小やぎ** お腹すいたー！ **中やぎ** はらぺこ！ **大やぎ** こっちの山には草はないしな、橋の下に気味の悪いトロルがいるが、向こうの山の草場へ行こう！ **小・中やぎ** 行こう！ 行こう！ **大やぎ** 小やぎ、一番先に渡れるか？ **小やぎ** うん、やってみる！ **大やぎ** よし、行け！ （大中小のやぎ舞台から消える）	☞ すばやくポケットからやぎを出して舞台に登場させましょう。 ☞ セリフを言っているパペットを動かしましょう。 ☞ 大中小のやぎの声の大きさを変えてセリフを言ってみましょう。 ☞ 大中小のやぎの関係が、はっきりわかるように区別をつけてみましょう。中やぎの表現が意外にむずかしいので工夫してみましょう。 ☞ 小やぎなりに決心して、一番先に行く、という気持ちを表現してみましょう。

COLUMN

上手と下手

舞台用語で、舞台の左右を区別する言葉に「上手（かみて）」と「下手（しもて）」があります。舞台の左側（客席から見て右側）を上手、舞台の右側（客席から見て左側）が下手です。

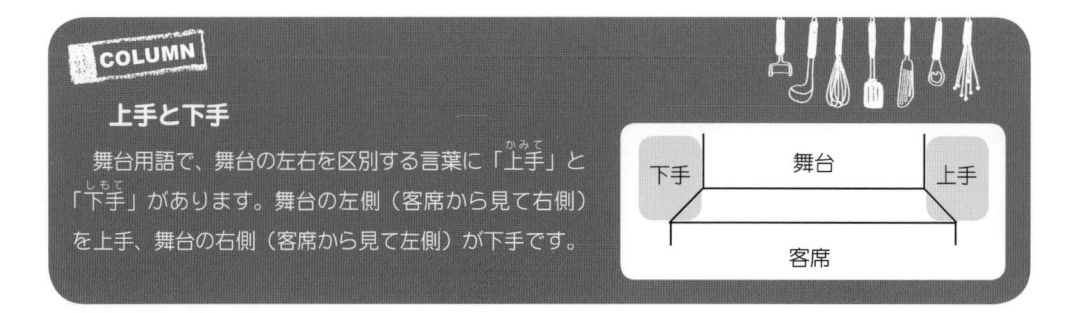

```
下手 |   舞台   | 上手
     |_____|
       客席
```

実践6 三びきのやぎのがらがらどん［前かけエプロン──舞台付き］ 47

場　面	お話の流れ	ポイント
③	（下手に置いたはげ山はそのままにして、上手奥に草場のある山、中央に橋を置く） （小やぎが、下手から登場する） **N**　かた　こと　かた　こと　かた　こと　かた　こと……。 **トロル**　誰だ、おれの橋をかたことさせるのは！ **小やぎ**　一番小さいやぎのがらがらどんです。山へ草を食べに行くところです。 **トロル**　（大声で）ようし、きさまを一飲みにしてやろう！ **小やぎ**　どうか食べないでください。ぼくは、小さくて痩せてるし……少し待てば、中くらいのやぎのがらがらどんが、やってきますよ。ぼくより、大きくておいしいです。 **トロル**　そうか、そんならとっとと行ってしまえ！ **小やぎ**　はい、ありがとうございます。（急いで橋を渡り上手に隠れる）あー、よかった。 **トロル**　もっと大きくて、太っているのか……。（舞台、上手に消え、ポケットに入れる）	☞ やぎの足音の擬音は、リズミカルに表現してみましょう。 ☞ 小やぎとトロルが出会う場面は、劇的瞬間で、1つの小さな山場なので大切に表現してみましょう。 ☞ びっくりするときは、どのような動きになるかを考えて表現してみましょう。 ☞ 小やぎは、ちょっとうそをついているので、怖いのを隠しながらトロルに言っている雰囲気を醸し出してみましょう。 ☞ 小やぎの瞬間、瞬間の気持ちを想像して、表現してみましょう。
④	**中やぎ**　今度は、ぼくの番だ！　行くぞー！（橋を渡りはじめる） **N**　がた　ごと　がた　ごと　がた　ごと　がた　ごと……。 **トロル**　（パッと登場し、大声で脅かすように）誰だ、おれの橋をがたごとさせるのは！ **中やぎ**　（落ち着いて、少し大きな声で）中くらいのやぎのがらがらどん。山へ草を食べに行くところだ！ **トロル**　ようし、きさまを一飲みにしてやろう！ **中やぎ**　食べないでおくれ。少し待てば、大きなやぎのがらがらどんが、やって来るよ。ぼくより、ずーっと大きくて、おいしいよ。 **トロル**　そうか、そんならとっとと行ってしまえ！ **中やぎ**　ありがとう！（舞台上手に消え、ポケットに入れる）	☞ 中やぎとトロルが話しているようにパペットを動かしてみましょう。 ☞ セリフを言っているパペットを大きく動かしてみましょう。 ☞ 小やぎより自信をもっているような雰囲気を出してみましょう。 ☞ 中やぎとトロルの出会う場面は、中くらいの山場なので大切にしましょう。

場　面	お話の流れ	ポイント
⑤	**N**　がたん　ごとん　がたん　ごとん　がたん　ごとん……。 **トロル**　いったいぜんたい、何者だ！　おれの橋をがたんごとんさせるやつは！ **大やぎ**　おれだ！　大きいやぎのがらがらどんだ！ **トロル**　ようし、きさまを一飲みにしてやろう！ **大やぎ**　さあ、来い！	☞　大きな声で思い切って擬音を表現してみましょう。足踏みも加えてみましょう。 ☞　大やぎは、自信満々の雰囲気で表現してみましょう。 ☞　戦いの前の緊張感をつくり出してみましょう。
⑥	**トロル**　いくぞ！　やー！ **大やぎ**　それ！（トロルを投げ飛ばす） **トロル**　（起き上がり）まだまだ！　とりゃー！ **大やぎ**　わー！（トロルに押し込まれる） （大やぎとトロルの戦い）	☞　大やぎとトロルが、交互に優勢になるようにしてみましょう。 ☞　子どもたちが、自然に応援するような流れをつくり出してみましょう。
⑦	**大やぎ**　それー！ **トロル**　やられたー！　わー！ （橋の下に落ちていき、上手に消える。素早くポケットにしまう）	☞　トロルをやっつけた場面は、最大の山場なので大いに盛り上がりましょう。 ☞　大やぎとトロルを大きく動かしてみましょう。
⑧	**大やぎ**　やったー！ **中やぎ**　すごーい！ **小やぎ**　つよーい！ **大やぎ**　さあ、みんなで草を食べに行こう。 （上手に消え、ポケットにしまう）	☞　感情移入してセリフを表現してみましょう。

実践6　三びきのやぎのがらがらどん［前かけエプロン──舞台付き］　49

場　　面	お話の流れ	ポイント
⑨	N　やぎたちは、たくさん草を食べて、こんなに太って（絵を見せる）、家に帰るのもやっとでした（間をあける）。そこで、チョキン、パチン、ストン、お話はおしまい！ （橋と2つの山を片づけ、舞台付きエプロンを外す）	☞ 想像世界から現実世界に戻ってくる大切な場面なので、落ち着いてセリフを言ってみましょう。 ☞ 子どもたちからコメントや質問があったら、ナレーターから保育者に戻って対応しましょう。

こんなふうに応用してみよう！

　保育者や子どもたちが独自の『三びきのやぎのがらがらどん』のペープサートをつくって、演じてみてもよいでしょう。劇遊びをして、実際にやぎになって演じてみましょう。

　なぜ、やぎが橋を渡らなければならなかったかなど、子どもたちに問いかけてみてもよいでしょう。

　トロルは想像上の北欧の神話などに出てくる精霊です。日本の子どもたちにとってはイメージが固定されていないので、さまざまなトロルをイメージしてつくってみましょう。いろいろなトロルができたら、「トロル村」をつくり、そこでどのようなことが行われるか想像して、実際に演じてみましょう。たとえば、トロルのダンス大会、トロル体操など、子どもたちと一緒にいろいろ考えてみましょう。あるいは、トロルを保育室に招待して、子どもたちとイベントを考えたり、劇遊びとして演じたりしてみましょう。

低年齢児　戦いのシーンを短めにするとよいでしょう。やぎやトロルの動きをわかりやすくゆっくり演じるようにしましょう。

4歳児　戦いのシーンは長めにして、見ている子どもたちが、自然に大やぎを応援するような雰囲気づくりをするとよいでしょう。子どもが、「しっかりー！」と声を出したら、それに応えて起き上がり、また戦うようにしたり、「応援、ありがとう！」と観客の子どもたちに直接話しかけてみたりするとよいでしょう。

5歳児　子どもたちがパペットを使って演じるようにしてみましょう。数人で演じるために大きなテーブルなどを使った活動に広げてみましょう。

実践 7 バランスよく食べよう

（食育）

ポンチョエプロン

　ポンチョエプロンの特徴を生かして、エプロン舞台の4面を効果的に使った実践を紹介したいと思います。基本のポンチョエプロンを応用して、4か所の面を違った色でつくることにより、見た目にも舞台の変化がわかりやすくなります。したがって、このエプロン舞台は物事のグループ分けなどの説明をしたいときや、四季の変化を示す実践（p.55 コラム参照）に適しているでしょう。

　ここでは、食育をテーマにしたポンチョエプロンの実践を紹介します。食べ物（料理）には、ご飯やパン（主食）、肉や魚（主菜）、野菜（副菜）、果物、乳製品などがあることをポンチョエプロンを使って知らせます。料理のグループ分けを通して、それぞれのグループの料理をバランスよく食べることの大切さを、直接的に保育者が指導するのではなく、パペット（栄養士）を使って子どもに伝えます。そうすることによりお話としての魅力も広がりますし、栄養士のパペットが登場したら食に関することが何かはじまるという推測を子どもたちができるようになります。このように子どもたちが先を読めるようになることは、知性の育成にもかかわっています。また、むずかしい言葉もパペットなどが話すことによって、子どもにも入りやすく、新しい言葉を知る機会にもなるでしょう。

　この実践では、「食生活指針」（平成12年）を具現化するものとして、農林水産省と厚生労働省により示された「食事バランスガイド」（平成17年）の食事のとり方を参考にまとめてみました。「食事バランスガイド」は食事のとり方だけではなく、コマの形を使って食べる量についても示していますので、この実践だけではなく、食べる量についても日ごろの保育に取り入れ伝えていくと、子どもたちへの食育にさらにつながっていくでしょう。

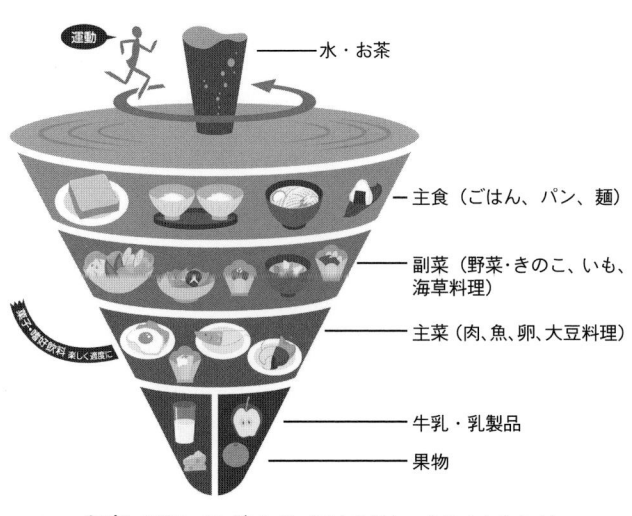

食事バランスガイド（厚生労働省・農林水産省決定）

実践7　バランスよく食べよう［ポンチョエプロン］　51

| 実践例 5歳児 | 実践前の子どもたちの姿 | 食育に関することをするときにいつも登場する「栄養士のおねえさん」には、子どもたちは何度も出会っている。 |

保：保育者　子：子ども　健：栄養士の健子さん

場　面	お話の流れ	ポイント
①	保　今日は、特別ゲストをお招きしています。 子　誰？　誰？ 子　知っている人？ 保　前にもいらしたことがあります。栄養士のおねえさんです。みんな名前を憶えていますか？ 子　健子さん！ 保　そのとおり、栄養士の健子さんです。みんなで大きな声で「健子さん」と呼んでみましょう。1、2、3、ハイ！ 保・子　健子さ〜ん！	☞ 使うものは、事前にポンチョエプロンの裏側のポケットに出す順番に重ねて入れておきましょう。 ☞ ポンチョエプロンの白の面を前にしてポンチョを着ましょう。 ☞ 子どもたちが、名前を呼ぶのが合わせられなかったら、くり返してみましょう。 ☞ アレルギーのある子どもがいる場合など、事前に確認しておきましょう。
②	健　みなさんお久しぶり。こんにちは。 保・子　こんにちは！ 健　みんな元気いっぱいですね。みんなとっても元気なのはしっかり朝ご飯を食べてきてるからだね。みんな今日、朝、何を食べてきましたか？ 子　パン！　子　ご飯！ 子　目玉焼き！　子　サラダ！ 健　そう。たくさん食べてきたのね。今、みなさんからいろいろな食べ物が出てきたけれど、今日は、この食べ物をグループに分けてみたいと思います。 子　はーい！	☞ 栄養士の健子さんは、元気よく登場させるようにしましょう。 ☞ 保育者が、2役を演じるので、健子さんのセリフをいつもの言い方と変えて表現してみましょう。 ☞ 子どもからたくさん答えが出るように「他には？」などと声をかけましょう。
③	健　〇〇さんが今、朝ご飯に「ご飯」を食べてきたって教えてくれたけど、「ご飯」と同じ仲間の食べ物ってなんだろう？（ご飯の絵カードを貼る） 子　パンかな？ 子　わかんない。 健　当たり！（パンの絵カードを貼る）パンもご飯の仲間だね。他にもご飯やパンの仲間の食べ物あるかな？ 子　スパゲッティー！	☞ 使わなくてもさまざまな主食の絵カードを用意しておくと便利です。 ☞ パンという答えが出たら、出てきたところで、「〇〇ちゃんが言ってくれた、パンですね」と子どもたちの答えに合ったカードがあれば出しましょう。 ☞ 健子さんのセリフのときは、人形がお話しているように動かしてみましょう。

場面	お話の流れ	ポイント
④	健 そのとおり、パンもスパゲティも仲間だね（スパゲティの絵カードを出しながら）。他にもたくさんあってうどんやおそばも仲間なの。 子 わー、たくさん！ 健 （人形が食品を向きながら）ごはんやパンなどのグループをちょっとむずかしい言葉で言うと「主食」と言います。みんなの体と頭を元気にするエネルギーになります。でもね、ご飯やパンだけ食べていても元気にはなれないの。いろいろなものをバランスよく食べることが大事です。ではこの白色のエプロンのグループを何と呼びましたか？ 子 主食！ 健 大正解！ 主食です。では次は何のグループかな？	☞ 子どもの発言に合わせて、タイミングよく絵カードを出すようにしましょう。 ☞ 子どもから発言が出るような雰囲気をつくり出しましょう。 ☞ 新しい言葉は、ゆっくりとわかりやすく、くり返し使うようにしましょう。ただし、無理に教え込むことはやめましょう。 ☞ 子どもたちから「主食！」と答えが出ないときは、絵カードを指しながら「このグループを主食といいます」と伝えましょう。
⑤	（黄土色の布が前になるようにする） 健 ではさっき△△さんが朝、目玉焼きを食べてきたって教えてくれたけど、目玉焼きと同じ仲間の食べ物は何かわかるかな〜？（ハンバーグの絵カードを出しながら） 子 あ、ハンバーグ！ 健 ハンバーグも目玉焼きと同じグループなの。ではその他にも同じ仲間の料理あるかな〜？（焼き魚の絵カードを出しながら） 子 わかんない！ 子 お魚！ 健 お魚も目玉焼きやハンバーグと同じ仲間なの。このお肉やお魚や卵のお料理のグループをむずかしい言葉でいうと「主菜」といいます。 子 へー、主菜っていうんだ！ 健 お肉やお魚は、筋肉や血液をつくるとっても大切なものです。お肉には、牛肉、豚肉、鶏肉など、お魚には、さんま、あじ、さけ、その他にえびやたこやいかもあります。これを使ったお料理が主菜です。 子 たくさんあるね。 健 主食のご飯だけではなく、お肉やお魚の主菜を毎日食べると元気に遊んだりする力になるの。ではこの黄土色のエプロンのグループは何と呼びましたか？ 子 主菜！ 健 当たり！ では次のグループは何かな？	☞ 使わなくてもさまざまな主菜の絵カードを用意しておくと便利です。 ☞ 子どもたちに「どんなお肉がありますか？」、「どんなお魚がありますか？」と質問してみてもいいでしょう。 ☞ 卵を使った料理について他にもあるか、子どもたちに聞いてみてもよいでしょう。 ☞ 豆腐も仲間であることを伝えてみてもよいでしょう。 ☞ 子どもとやりとりしながら進めるようにしましょう。 ☞ 主菜という言葉が子どもたちになじみにくいと感じる場合は、無理に教え込む必要はないでしょう。

実践7　バランスよく食べよう［ポンチョエプロン］　53

場　面	お話の流れ	ポイント
⑥	（黄緑の布が前になるようにする） 健　では次のグループは○○さんが朝食べてきたって教えてくれたサラダのグループの仲間です（サラダのカードを貼る）。サラダと同じ仲間のお料理は他にもあるかな？ 子　きゅうり！　子　にんじん！ 健　そうね。きゅうりもにんじんも同じグループだね。にんじんはサラダだけじゃなくて、煮ると甘くておいしいね。野菜のお料理はご飯やお肉を体のなかでよく働くように助けてくれます。 子　へー、そうなんだ。 健　野菜のお料理はサラダだけじゃなくて、他にもいろいろあります。ほうれん草のお浸しや野菜の煮物などもあります（ほうれん草のお浸し、煮物のカードを貼る）。 子　へー。　子　ほんとだ。 健　この野菜のお料理のグループをむずかしい言葉で言うと「副菜」と言います。ご飯とお肉やお魚のお料理だけではなく、野菜のお料理も毎日しっかり食べるといいね。では、この野菜の料理の黄緑色のエプロンのグループを何と呼びましたか？ 子　副菜！ 健　正解！　では次のグループは何かな？	☞　使わなくてもさまざまな副菜の絵カードを用意しておくと便利です。 ☞　応用例として野菜の絵カードを用意して、「緑黄色野菜」と「淡色野菜」についても説明してもよいでしょう。野菜の絵カードを上げて、どちらが淡色野菜か緑黄色野菜かを当てるクイズに発展させてもよいでしょう。一見、緑黄色野菜に見えても、淡色野菜に分類される理由を説明することも入れてみましょう（たとえば、きゅうりは表面が濃い緑だが、中身が薄い色をしているので淡色野菜であるなど）。 ☞　子どもからきのこや海草などの答えが出たら、副菜の仲間であることを伝え、「ここ（おなかを差して）は腸っていうけど、おなかにとてもいいの」と伝えてもよいでしょう。
⑦	（水色の布が前になるようにする） 健　最後のグループは何でしょう？　今度は、みんなが好きなものがたくさんあるかもしれません。 子　お菓子？　子　なに？ 健　お菓子にもなりますが、そのもとになるものですね（リンゴの絵カードを見せながら）。 子　リンゴだ！ 健　そうです。リンゴなどの「果物」です。みんなは、どんな果物が好きですか？ 子　バナナ！ 子　イチゴ！ 子　メロン！ 子　ミカン！ 子　マンゴー！ 健　たくさんありますね。果物を食べることも大切ですね。その他には何があるかな？	☞　使わなくてもさまざまなその他の果物・牛乳・乳製品の絵カードを用意しておくと便利です。 ☞　途中で長くなりすぎたら、翌日に続きをしてもいいでしょう。 ☞　子どもから質問が出たら、即興的に対応するように心がけましょう。 ☞　聞きなれない果物が子どもから出てきたら、取り上げて、みんなで共有してみましょう。必要であれば辞典で調べてみましょう。

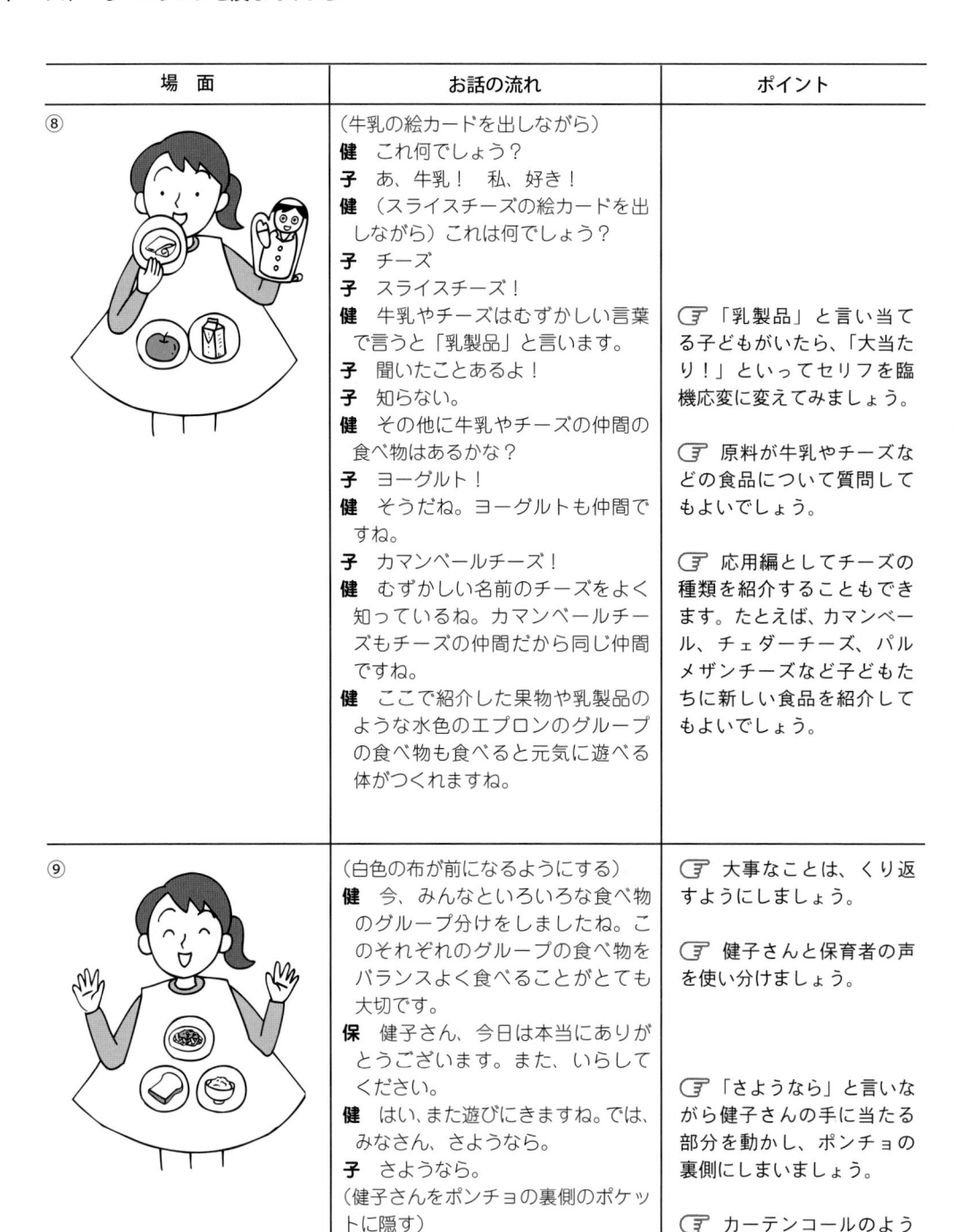

54　ストーリーエプロンを演じてみよう

場　面	お話の流れ	ポイント
⑧	（牛乳の絵カードを出しながら） 健　これ何でしょう？ 子　あ、牛乳！　私、好き！ 健　（スライスチーズの絵カードを出しながら）これは何でしょう？ 子　チーズ 子　スライスチーズ！ 健　牛乳やチーズはむずかしい言葉で言うと「乳製品」と言います。 子　聞いたことあるよ！ 子　知らない。 健　その他に牛乳やチーズの仲間の食べ物はあるかな？ 子　ヨーグルト！ 健　そうだね。ヨーグルトも仲間ですね。 子　カマンベールチーズ！ 健　むずかしい名前のチーズをよく知っているね。カマンベールチーズもチーズの仲間だから同じ仲間ですね。 健　ここで紹介した果物や乳製品のような水色のエプロンのグループの食べ物も食べると元気に遊べる体がつくれますね。	☞「乳製品」と言い当てる子どもがいたら、「大当たり！」といってセリフを臨機応変に変えてみましょう。 ☞ 原料が牛乳やチーズなどの食品について質問してもよいでしょう。 ☞ 応用編としてチーズの種類を紹介することもできます。たとえば、カマンベール、チェダーチーズ、パルメザンチーズなど子どもたちに新しい食品を紹介してもよいでしょう。
⑨	（白色の布が前になるようにする） 健　今、みんなといろいろな食べ物のグループ分けをしましたね。このそれぞれのグループの食べ物をバランスよく食べることがとても大切です。 保　健子さん、今日は本当にありがとうございます。また、いらしてください。 健　はい、また遊びにきますね。では、みなさん、さようなら。 子　さようなら。 （健子さんをポンチョの裏側のポケットに隠す） 保　（ポンチョを脱ぎながら）今日は、いろいろな食べ物をバランスよく食べる大切さを知りましたね。	☞ 大事なことは、くり返すようにしましょう。 ☞ 健子さんと保育者の声を使い分けましょう。 ☞「さようなら」と言いながら健子さんの手に当たる部分を動かし、ポンチョの裏側にしまいましょう。 ☞ カーテンコールのようにもう一度ちょっと出てきて、またいなくなるようにしても楽しいでしょう。

実践7　バランスよく食べよう［ポンチョエプロン］　55

こんなふうに応用してみよう！

　それぞれの料理のカテゴリー別の絵カードを子どもと一緒につくってみましょう。また、紙製のカードだけでなく、布製のカードや人形もつくってみましょう。パネルシアターに応用できるようにＰペーパーでつくってもよいでしょう。また、食事のとり方についてだけではなく、食事の量についても伝えるとよいでしょう。同じポンチョを使って、季節についてのストーリーを考えてみましょう。

低年齢児　栄養士のパペットを使って、絵カードで料理の名前を当てるクイズ遊びからはじめてもよいでしょう。

3歳児　４つのカテゴリーを１度にせずに、分けてやってみましょう。また、食物の数を減らしてもよいでしょう。

4歳児　５歳児の実践から重要なところを中心にして、短いバージョンの食育ストーリーエプロンをつくってみましょう。

COLUMN
４色の面を利用した季節のポンチョエプロン

　このポンチョエプロンは、黄緑・水色・黄土色・白の４面があるので、四季の変化の場面として使うこともできます。それぞれを季節の色に当てはめてみると、黄緑が新緑の木々を表す春、水色が海や真っ青な空を表す夏、黄土色が枯葉色の秋、白が雪を表す冬と表すこともできます。季節にかかわることについて、１面、数面、あるいは４面を使ってお話ししたり、歌遊びに使ったりすることができるでしょう。

　春である黄緑面を使って、『ちょうちょ』『チューリップ』『めだかのがっこう』などを歌うときに面ファスナーのついたちょうやチューリップやメダカのアップリケを貼ることができます。同様に夏の場合は、水色面を使って、『かたつむり』『しゃぼんだま』『うみ』など、黄土色面の秋の場合は、『どんぐりころころ』『まつぼっくり』『もみじ』など、白い面のときは、『たきび』や雪にかかわる歌のときに使うことができます。

　四季についてお話しするときにも使えます。たとえば、春を象徴するものを探したり、夏にすることを考えたり、秋にどんなものがあるかイメージしたり、冬の遊びをあげたりすることもできます。また、『おもいでのアルバム』をうたうときは、季節の移り変わりとともにポンチョエプロンをまわしながら使うこともできます。

　このようにポンチョエプロンはさまざまな使い方ができます。そして、保育者と子どもたちがアイディアを出し合って、新しい使い方を考えていくことが、ストーリーエプロンでもっとも大切にしていることです。たくさん考えられると思いますので、実際に子どもたちと一緒にやってみましょう！

実践 8 町のネズミと いなかのネズミ

（イソップ物語）

ポンチョ エプロン

　世界中で知られている『町のネズミといなかのネズミ』は、イソップ物語（寓話）の1つとして昔から語り継がれてきました。

　『町のネズミといなかのネズミ』のお話は、町に住んでいるネズミといなかに住んでいるネズミが、お互いの生活を経験してみようということになり、お互いの家に遊びに行き、そこで起きたことが語られています。いなかに遊びにきた町のネズミは、畑の下にある家で静かで穏やかな生活と質素な食事を経験します。町のネズミは、このような生活より町の豪華な生活のほうがおもしろいと今度は、いなかのネズミを壁の穴にある自分の家に招待します。はじめは、いなかのネズミはテーブルの上に並べられた豪華な食べ物に驚き、町のネズミの生活にあこがれます。しかし、ドアが開くたびに大急ぎで穴に隠れなければならない生活にほとほと疲れ果ててしまいます。いなかのネズミは、のんびりしたいなかの生活に戻りたくなり、町のネズミに別れを告げ、自分の家に帰っていきます。

　このお話をポンチョエプロンにした理由は、いなかの家と町の場面があり、それぞれに移動する場面を表現するときにポンチョをまわしながら使うことができるからです。さらに、手でパペットを操作する切れ目をネズミたちが急いで逃げ込む町のネズミの家の穴に見立てることができ、効果的に場面をつくることもできるからです。また、円になっているので、町といなかがつながっていることと、移動するということを具体的に子どもたちに伝えることができるからです。

COLUMN

イソップの寓話

　紀元前6世紀ごろイソップという人がいたといわれていますが、本当かどうかは不明です。ただ、ヘロドトスという有名な歴史家が、イソップという人について本に書き残しているので、実際に存在していたという根拠になっています。寓話は、人間をさまざまな動物に見立てて、人間が生きていく上で必要な教訓や道徳などがお話として盛りこまれ、ある種のリズムがあるので、しつけや教育の場で子どもたちに語り聞かせたり、絵本で読み聞かせたりして発展してきた歴史があります。ただメッセージがシンプルなので、別の視点からも考えるということも子どもたちに伝える必要があります。

実践8　町のネズミといなかのネズミ［ポンチョエプロン］　57

| 実践例 3歳児 | 実践前の子どもたちの姿 | 絵本や紙芝居を通して、すでにイソップ物語を知っている。たとえば『ウサギとカメ』『ライオンとネズミ』『アリとキリギリス』『北風と太陽』『オオカミがきた！』など。 |

N：ナレーター　町：町のネズミ　いなか：いなかのネズミ

場　面	お話の流れ	ポイント
①	（ポンチョとネズミの人形をポンチョ裏のポケットに入れておく） **N**　昔々、あるところに、町に住んでいるネズミといなかに住んでいるネズミがいました。	☞ 子どもたちが、保育者の見えるところに座っているかを確認しましょう。見えない子どもがいたら、イス等に座らせて、子どもの座っている位置から見えるようにします。
②	（町のネズミ登場） **町**　（太っていて豪華な服を着たネズミを見せながら）ぼくの名前は、町のネズミです。なぜって、町にある豪華な家に住んでいるから、町のネズミと呼ばれています。	☞ 自慢げに話すようにしましょう。少しそりかえったり、ゆっくり歩いたり、子どもたちを見まわしたりしてみましょう。
③	（いなかのネズミ登場） **いなか**　（痩せていて質素な服を着たネズミを見せながら）ぼくの名前は、いなかのネズミです。いなかの小さな家に住んでいるので、いなかのネズミと呼ばれています。	☞ 実直そうに話しましょう。ちょっと町のネズミに気後れしている雰囲気を出すように、ちょこちょこした動きをしてみましょう。
④	**町**　（町のネズミ登場。自慢するように）ぼくの家には、おいしい食べ物がたくさんあるし、ぼくらの大好物のチーズだっていろいろあるよ。 **いなか**　へー、すごいね。ぼくは、野菜やお米や麦を毎日食べてるよ。 **町**　ふーん、そうなのか。そうだ、お互いのお家を訪ねて、いなかと都会の生活を味わってみようよ。 **いなか**　うん、いいよ。じゃあ、ぼくのいなかのお家へ遊びにおいでよ。 **町**　ありがとう。さっそく行こうよ。	☞ 話しているネズミの人形を大きく動かすようにしましょう。町のネズミは、少しそっくりかえるようにしてみましょう。いなかのネズミは、少しうつむき加減にしてみましょう。

58　ストーリーエプロンを演じてみよう

場　面	お話の流れ	ポイント
⑤	（ポンチョをまわして、町といなかを結ぶ道の場面を正面にして、上手に町のネズミ、下手にいなかのネズミをもつ） **いなか**　こっち、こっち。 **町**　そんなに急がないでよ。	☞ ポンチョを素早くまわし、道の両側からネズミを素早く登場させましょう。
⑥	（ポンチョを動かして、いなかのネズミが住んでいる草の下にある家の場面にする） **町**　（きょろきょろしながら）どこに座ればいいの？ **いなか**　わらの上でゆっくり休んで。 **町**　うん。 **いなか**　とりたてのトウモロコシとしぼりたてのミルクをどうぞ。 **町**　ありがとう。 **いなか**　いなかの暮らしはどうかな？ **町**　のんびりしていいけど、ちょっと退屈かな……、今度は、ぼくの町のお家に遊びにきて！ **いなか**　うん、ありがとう。 （2匹のネズミ消える。ポンチョをまわして道の場面にする）	☞ 町のネズミは、はじめは居心地悪そうにしているが、だんだんに慣れていくような雰囲気を出してみましょう。 ☞ 動きながらセリフを言うようにしてみましょう。
⑦	**町**　こっち、こっち、急いで！ **いなか**　待ってよ！ （2人で町の家のある方向に急いで歩いて消える。ポンチョをまわす）	☞ 町のネズミは、自分の豪華な生活をいなかのネズミに見せたくてたまらないといった様子を表現してみましょう。
⑧	（両端から、それぞれのネズミ登場） **いなか**　わー、豪華な部屋だねー！　それに、おいしそうなごちそうがたくさんあるね！　見たことない食べ物ばかり！　あれ、なあに？ **町**　ローストビーフだよ。 **いなか**　あれは？ **町**　カマンベールチーズ！	☞ いろいろな食べ物を面ファスナーで貼れるようにしておき、さまざまな食べ物の名前を使うようにしてみましょう。 ☞ クイズ形式のようにすると楽しいでしょう。

実践8　町のネズミといなかのネズミ［ポンチョエプロン］

場面	お話の流れ	ポイント
⑨	**いなか**　こんなおいしい食べ物を毎日食べられるなんて、うらやましいなー！ **町**　うん、もっとおいしいごちそうもあるよ。 **いなか**　えー、もっとおいしいの？すごいなー。 **町**　まあね。町の生活は豊かなんだ。 **いなか**　本当にそうだね。ぼくも町に引っ越そうかな……。	☞ いなかのネズミは、できるだけ大げさに動かしてうらやましさを表現してみましょう。
⑩	**ドアの音**　バタン！（2匹のネズミが急いで隠れ、もう片方から家主の人間が登場する。ネズミが様子をのぞいている） **家主**　何だか物音がしていた気がしたけど気のせいかな？（食べかけのものを見つけて）またネズミが食べたな。今度見つけたらやっつけてやろう（家主、あちこち探しまわる）。	☞ ドアの音は思い切って大きな声で言ってみましょう。 ☞ ネズミは、大あわてで逃げるようにしましょう。町のネズミのほうが素早く逃げるようにしてみましょう。
⑪	（家主が入ってきたドアから消えると、2匹のネズミが登場する） **いなか**　あー、びっくりした。 **町**　人間に見つけられないようにするのが大変なんだ。 **いなか**　どうして？ **町**　見つかったら、ひどい目に合うからね。人間が来たらさっと逃げることが大事なんだ。 **いなか**　そうなんだ。 **ドアの音**　バタン **町**　逃げろ！ **いなか**　待ってー！ **家主**　待てー！ （いなかのネズミが捕まりそうになる） **いなか**　助けて！ （家主に捕まえられる。町のネズミが家主にかみつく） **家主**　いててて……。 **町**　急げ！ （2匹はネズミ穴に逃げ込む。このような鬼ごっこを数回くり返す）	☞ 鬼ごっこやかくれんぼのようにしてみましょう。子どもが、「あっち！」などと教えてくれたら、「どこ？どこ？」と応えるようにして、子どもたちとのやりとりを楽しみましょう。 ☞ 家主に捕まりそうになったり、捕まったところをすり抜けて逃げたり、といったことをやりながら山場をつくりましょう。 ☞ いなかのネズミが、逃げ遅れるようにしましょう。 ☞ この場面が、山場なので「逃げる ── 追う」という場面をさまざまに工夫してみましょう。

場　面	お話の流れ	ポイント
⑫	（2匹のネズミが両側から登場） **いなか**　もう、いいや。 **町**　どうして？ **いなか**　ゆっくりご飯も食べられない生活なんて、嫌なんだ。 **町**　そうかな、ゲームみたいで楽しいじゃないか。それにこんなにおいしい食べ物がどっさりあるのに。 **いなか**　ごちそうは君ひとりで食べてくれ。ぼくは、とれたてのトウモロコシとしぼりたてのミルクをゆっくり食べたいんだ。のんびりした暮らしのほうがぼくは好きなんだ。 **町**　そうなんだ。 **いなか**　じゃあ、さようなら（下手の穴に消える）。 **町**　さようなら（独り言のように）。そうか、いなかのネズミくんは、びくびくしながらごちそうを食べるより、ゆっくりとシンプルな食事をするほうがいいのか……ぼくは、どうかな……（上手に消える）。	☞　いなかのネズミが、自分の暮らしのいいところに気づく場面なので、ゆっくり語ってみましょう。 ☞　いなかのネズミの言っていることから、町のネズミが、自分の暮らしについて振り返る場面なので、どちらがよいと結論づけてしまわずに、何が生活にとって大事なのだろうか、という問いかけをするような気持ちで演じてみましょう。

こんなふうに応用してみよう！

　家主とネズミのやりとりから、安全地帯のある鬼ごっこをしてみてもよいでしょう。また、いなかのネズミと町のネズミに分かれて、「家主が来た」で町のネズミが逃げる、「キツネが来た」でいなかのネズミが逃げるといった、この物語をもとにした新しい鬼ごっこバージョンをつくって、遊んでみましょう。ペープサートで演じてみたり、劇遊びに発展させてもよいでしょう。

低年齢児　家主とネズミが逃げたり、追ったりする場面を多めに演じてみましょう。家主が鬼でネズミを探し、ネズミが逃げて隠れる役をして、参加者の子どもたちにネズミがどこに隠れたか教えてもらうようにしましょう。

4歳児　子どもたちが自然と演劇に参加できるように、問いかけるようにセリフを言ってみるようにしましょう。

5歳児　事前にいなかにある食べ物、町のレストランで出されるような食べ物を考え、お話のなかに子どもたちのアイディアを取り入れて、脚本につけ加えて演じてみるとよいでしょう。

実践 9 キャベツのなかから

市販のエプロン

（歌遊び）

　「キャベツのなかから」は、作詞者も作曲者もわからない手遊びです。キャベツのなかから次々に青虫が登場し、最後にはちょうちょになるというストーリー仕立てになっています。そして、「ニョキ」という擬音で青虫がキャベツから登場し、青虫が増えるたびに「ニョキ」も増えていきます。「1匹の野ネズミ」（p.40～44）と同じようなくり返しと次々とパペットが登場するおもしろさがあります。さらに、野ネズミの数をかぞえたのと同じような活動を青虫ですることもできます。最後に青虫が、ちょうちょに変身するところが、「キャベツのなかから」の魅力です。

　ここでは、手軽に手に入る市販のエプロンを使った実践を紹介したいと思います。市販のエプロンに幅広の面ファスナーをつけたエプロンを舞台として使います。このエプロンは、さまざまなストーリーエプロンの活動に応用できると思います。また、背景を描いた布に面ファスナーを取りつければ、さまざまな物語を語る舞台としても使えます。

　「キャベツのなかから」の手遊びでは、指が青虫ですが、ここでは青虫のパペットがポケットから登場します。ひらひら動くちょうちょが登場して、子どもたちのまわりを舞いながら飛ぶ動きがあり、子どもたちの興味をひくでしょう。

MUSIC キャベツのなかから

作詞：不詳　作曲：不詳

（1～5番）キャベツ　のなかから　あおむしでたよ～　ニョキニョキ

1 おおおおお
2 おおおおお
3 おおおおお
4 おおおおお
5 あ

1 とうさん　あおむし　キャベし（6番）キャベツ　のなかから　あお
2 かあさん
3 にいさん
4 ねえさん
5 かあちゃん

むしでたよ～　ニョキ　ニョキ　ニョキ　ニョキ　ニョキ　ニョキ

ニョキ　ニョキ　ニョキ　ニョキ　ちょうちょになっちゃった～

| 実践例 3歳児 | 実践前の子どもたちの姿 | 子どもたちは、何回か手遊びで「キャベツのなかから」を保育者と一緒にうたっている。 |

保：保育者　子：子ども

場　面	お話の流れ	ポイント
①	保 （キャベツを貼りながら）今日は、みんながよく知っている手遊びをしようと思うけど、何でしょう？ 子 キャベツの歌！ 子 青虫が出てくる歌！ 保 そうね、「キャベツのなかから」ね。今日はね、このキャベツのなかから青虫が出てきますよ！ 子 えー、本当？ 子 うっそー！ 保 では、みんなでうたってみましょう。	☞ 子どもたちに何が出てくるかな、という期待感をもたせるようにしましょう。 ☞ できるだけ子どもたちの発言を拾い上げ、応えるようにしましょう。 ☞ 子どもの発言を否定せず、正式な歌の名前をさりげなく伝えるようにしましょう。
②	保 キャベツの　なかから　あおむし　でたよ　ニョキ　ニョキ　おとうさんあおむし	☞ グーとパーを使ってキャベツを表現する。 ☞ すばやくお父さん青虫を手にとるようにしましょう。
③	保 キャベツの　なかから　あおむし　でたよ　ニョキ　ニョキ　おかあさんあおむし	☞ 子どもの様子を見ながらうたってみましょう。 ☞ 「ニョキ」は、あらあら青虫が出てきました、という雰囲気を表現するようにしましょう。

実践9　キャベツのなかから［市販のエプロン］　63

場　面	お話の流れ	ポイント
④	保　キャベツの　なかから　あおむし　でたよ　ニョキ　ニョキ　おにいさんあおむし	☞　また、青虫が出てきましたよ、という驚きを表現してみましょう。
⑤	保　キャベツの　なかから　あおむし　でたよ　ニョキ　ニョキ　おねえさんあおむし	☞　またまた青虫が出てきました、という感じを表現してみましょう。
⑥	保　キャベツの　なかから　あおむし　でたよ　ニョキ　ニョキ　あかちゃんあおむし	☞　まあ、かわいい赤ちゃん青虫が出てきましたよ、という気持ちを表現してみましょう。
⑦	保　キャベツの　なかから　あおむし　でたよ　ニョキ　ニョキ　ニョキ　ニョキ　ニョキ　ニョキ　ニョキ　ニョキ　ニョキ　ニョキ	☞　次も青虫が出てくるのかなという期待をもたせて進めましょう。

場　面	お話の流れ	ポイント
⑧	保　（キャベツの中央に入れ込んであるちょうちょを取り出し、広げながら）ちょうちょになっちゃった。	☞　ちょうちょがひらひら舞うように動かしてみましょう。
⑨	保　（青虫とキャベツとちょうちょをポケットに片づけながら）今日は、たくさん青虫がキャベツから出てきましたね。みんなでかぞえてみましょう（ポケットから出し胸当ての面ファスナーに貼りつけながら）。1匹、2匹、3匹、4匹、5匹。何匹いましたか？ 子　5匹！ 保　もう1度かぞえてみましょうね。（ポケットに青虫のパペットを戻しながら）1匹、2匹、3匹、4匹、5匹。今日は、これでおしまいです。	☞　すばやくパペットを片づけるようにしましょう。 ☞　ゆっくりかぞえるようにしましょう。 ☞　数とパペットを対応させてかぞえましょう。 ☞　ポケットなどにしまうことによって、視覚的にも終わりであることがわかるようにしましょう。

こんなふうに応用してみよう！

　子どもが身に着けられる大きさの薄い布を人数分用意しておき、『キャベツのなかから』を行ったあと、保育者が実践で使ったちょうちょを動かしながら布を肩にかけておどってみせれば、子どもたちも用意した布でちょうちょになっておどり、自然と身体表現の活動につなげることもできるでしょう。また、青虫からちょうちょになっていくプロセスを劇遊びとして発展させてもよいでしょう。季節が合えば園庭に青虫などを探しに行く活動につなげることもできるでしょう。

低年齢児　焦って早口にならないように、少しゆっくりと一人ひとりの子どもたちの目を見ながらお話を語りましょう。

4歳児　ちょうちょになって動きやすいような音楽を流してもよいでしょう。途中で子どもが質問したら、応えながら、次に進めましょう。子どもたちが自然に参加できる雰囲気を大切にしましょう。

5歳児　自然や環境や科学に興味がもてるように方向づけましょう。青虫などを育てたりしてもよいでしょう。ちょうちょだけでなく、他の動物や人間の成長プロセスについて演じてみることもできます。

実践 10 おだんごぱん

（ロシアの昔話）

市販の
エプロン
割烹着

　昔々、おじいさんが、おばあさんにパンをつくってほしいとお願いしました。おばあさんが、焼きあがったパンを窓のそばで冷やしておくと、おだんごぱんは逃げ出してしまいました。そして、おだんごぱんは、野原でウサギやオオカミやクマに出会って、食べられそうになりましたが、運よく逃げることができました。ところが、最後に出会ったキツネに歌が上手なことをほめられて、うきうきと調子に乗ってうっかりキツネの口元に行ってしまい、そのままキツネに食べられてしまう、というのが『おだんごぱん』のお話です。

　このお話は、おだんごぱんが旅に出て、いろいろな動物に出会うお話です。この骨組みを応用して、子どもたちと一緒に新しいお話をつくることが簡単にできます。たとえば、ウサギやオオカミやクマやキツネだけでなく、他の動物を登場させてもよいでしょう。動物だけでなく、お百姓さん、羊飼い、大工さん、郵便屋さんなどさまざまな登場人物に変えてみてもおもしろいと思います。また、登場人物を増やすこともできます。保育者は、子どもたちがしているごっこ遊びから登場人物を取り入れることもできます。さらに、おだんごぱんといろいろな登場人物とのやりとりを自由につくり出せます。保育室やホールを使って、子どもたちがさまざまなところを訪ね歩く、という劇遊びに発展させていくこともできるでしょう。

　このように市販のエプロンを使った『おだんごぱん』のストーリーエプロンをきっかけにして、さまざまな活動へ発展させることができます。また、子どもたちの自由な遊びからアイディアを取り上げ、ストーリーエプロンを使って、新しい物語を子どもたちと一緒につくりだすこともできます。

　また、この実践では市販の黒い割烹着を舞台として利用します。黒い舞台はお話の世界に子どもたちが入り込みやすく、割烹着に通常ついているポケットから次々にパペットやセットを取り出しやすいです。また、中央に面ファスナーをつけておくことでオーブンや森などの背景を簡単に場面転換することができます。そのため1つのお話だけではなく、背景部分をつくり替えれば、さまざまなお話に応用できます。また、割烹着にはソデもありますので、ソデからパペットを出したり、ソデの部分も活用した実践を考えてもおもしろいでしょう。

ストーリーエプロンを演じてみよう

	実践前の 子どもたちの姿	『おだんごぱん』の絵本の読み聞かせを子どもたちはすでに経験して楽しんでいる。

実践例 4歳児

N：ナレーター　保：保育者　パン：おだんごぱん　おじ：おじいさん　おば：おばあさん

場　面	お話の流れ	ポイント
①	**保** みんな、『おだんごぱん』の絵本を覚えていますか？ （子どもたちは、「知ってる」「忘れた」「おだんごぱんが逃げる話？」などと応える） **保** （割烹着を見せながら）今日は、この割烹着を舞台にして「おだんごぱん」のお話をしてみます。では、私はお話をすすめるナレーターの役になります。へんしーん！」（割烹着を素早く着る） **N** ロシアの昔話「おだんごぱん」のはじまり、はじまり。	☞ 子どもたちは、すでに知っていることにまた出合うことを楽しみますので、あらかじめ『おだんごぱん』の絵本の読み聞かせをしておくとよいでしょう。事前に読み聞かせをしておくことで、子どもたちの自然な参加を促し、くり返しのセリフに子どもたちが唱和するかもしれません。
②	**N** 昔々、ロシアという国に、仲のよいおじいさんとおばあさんが住んでいました（左のポケットにしまってある、おじいさんとおばあさんを取り出す）。 **おじ** おばあさん、おなかがすいたので、おだんごぱんをつくってくれないか？ **おば** はい、はい、今からつくりますよ。 **N** おばあさんは、粉箱をごしごしかいて、粉を集めました。	☞ セリフと一緒にタイミングよくおじいさんとおばあさんのパペットを登場させましょう。
③	**おば** あー、やっとおだんごぱんをつくれるぐらいになった。えーと、クリームを混ぜて、よくこねて。よいしょ、よいしょ！　きれいにまとめて（顔のないおだんごぱんをポケットから取り出す）、さあ、できた。バターをたっぷりぬって、できあがり！（自慢そうにパンを見つめながら） **おじ** おいしそうにできたね。	☞ リズムよくパンを楽しくつくるようにしてみましょう。

実践10　おだんごぱん［市販のエプロン——割烹着］　67

場　面	お話の流れ	ポイント
④	（背景のオーブンを胸の面ファスナーに貼る） **おば**　さあ、温めておいたオーブンに入れましょう。 **おじ**　早く食べたいな。	☞　割烹着の胸の面ファスナーに素早く貼るようにしましょう。 ☞　割烹着と同じ黒い布で背景の土台をつくり、その上にそれぞれの背景場面を縫いつけておくと、操作もしやすくスムーズに場面転換ができます。
⑤	**N**　おだんごぱんは、オーブンのなかでだんだんふくらんできました。 **おば**　まあ、まあ、きれいな焼き色（顔のついたパンを取り出す。オーブンをはがし、窓枠を貼りつける）。ほかほかだわ！ **おじ**　いやー、おいしそうにできあがったね。食べていいかい？ **おば**　まだですよ。風通しのよいところで冷やしてからですよ（窓枠の下にパンを貼る）。 **おじ**　そうか。早く食べたいな（おじいさんとおばあさんの人形を左のポケットにしまう）。	☞　場面転換がスムーズにできるように、小道具などをセットしておきましょう。
⑥	**N**　おだんごぱんは、じーっとしていたら、さびしくなってしまい、転がり出しました。 **パン**　窓際からころんと床の上！ （窓枠からドアの背景に変える） **N**　おだんごぱんはどこへいくのでしょう？ **パン**　床から、ころころドアを抜けて、お外に行こう！　急げ、ころころころ！ **おじ**　あ、おだんごぱんが逃げていく！ **おば**　おじいさん、早く捕まえて！ **パン**　急がなくちゃ。 **おじ**　待てー！ **パン**　捕まるもんか！	☞　リズミカルにおだんごぱんを動かしてみましょう。 ☞　おじいさんとおばあさんの、「さあ、大変」といった気持ちを表現してみましょう。
⑦	（ドアから庭さきの背景に変える） **N**　とうとう、おだんごぱんは、玄関を出て、門を出て、表の通りに出て、どんどん逃げて行きました（おだんごぱんを下手のポケットにしまう）。 **おじ**　あーあ、行っちゃった（おじいさんとおばさんを横に置いてある箱にしまう）。	☞　おだんごぱんをくるくるまわしながら逃げるように工夫してみましょう。

場　　面	お話の流れ	ポイント
⑧	（庭さきから森の絵に変える） **パン**　（ポケットからおだんごぱんを取り出して）あ、あそこにウサギがいる！（ウサギを上手のポケットから取り出す） **ウサギ**　やあ、こんにちは、おだんごぱん！　おまえをぱくっと食べてあげよう。 **パン**　いや、いや、ウサギさん、そうはできないよ。ぼくは、天下のおだんごぱん。おじいさんからも、おばあさんからも、逃げ出したのさ。ウサギなんかに捕まるもんか。 **ウサギ**　待てー！　エイッ！ **パン**　パッ！　コロコロコロ！　さようなら、ウサギさん。 **ウサギ**　あーあ、行っちゃった。 （ウサギを上手のポケットにしまう）	☞　セリフを言っているパペットを大きく動かしてみましょう。 ☞　おだんごぱんの「おじいさんからも……」というセリフは、リズミカルにちょっと節をつけて語ってみましょう。
⑨	**パン**　コロコロコロ……あ、あそこにオオカミがいる！（オオカミを上手のポケットから取り出す） **オオカミ**　やあ、こんにちは。おだんごぱん！　おまえをぱくっと食べてあげよう。 **パン**　いや、いや、オオカミさん、そうはできないよ。ぼくは、天下のおだんごぱん。おじいさんからも、おばあさんからも、ウサギからも、逃げ出したのさ。オオカミなんかに捕まるもんか。 **オオカミ**　待てー！　エイッ！ **パン**　パッ！　コロコロコロ！　さようなら、オオカミさん。 **オオカミ**　あーあ、行っちゃった。 （オオカミを上手のポケットにしまう）	☞　リズミカルにうたうようにおだんごぱんのセリフを語ってみましょう。
⑩	**パン**　コロコロコロ……あ、あそこにクマがいる！（クマを上手のポケットから取り出す） **クマ**　やあ、こんにちは、おだんごぱん！　おまえをぱくっと食べてあげよう。 **パン**　いや、いや、クマさん、そうはできないよ。ぼくは、天下のおだんごぱん。おじいさんからも、おばあさんからも、ウサギからも、オオカミからも、逃げ出したのさ。クマなんかに捕まるもんか。 **クマ**　待てー！　エイッ！	☞　自然と子どもたちが唱和できるようにリズミカルにおだんごぱんのセリフを子どもたちに語りかけてみましょう。

実践10 おだんごぱん［市販のエプロン──割烹着］ 69

場　面	お話の流れ	ポイント
	パン パッ！　コロコロコロ！　さようなら、クマさん。 **クマ** あーあ、行っちゃった。 （クマを上手のポケットにしまう）	
⑪	**パン** コロコロコロ……あ、あそこにキツネがいる！ **キツネ** やー、これは、これは、おだんごぱんさん、こんにちは！　なんて、あなたは、きれいで、ほかほかに焼けているのでしょう！ **パン** （うれしそうに）そうですか、ありがとう。 **キツネ** 本当にお美しい！ **パン** （恥ずかしそうに）それほどでもないですよ……。ぼくは、天下のおだんごぱん。おじいさんからも、おばあさんからも、ウサギからも、オオカミからも、クマからも、逃げ出したのさ。キツネからも逃げ出すよ。	☞ キツネは、大げさにていねいにおだんごぱんに話しかけるようにしてみましょう。 ☞ おだんごぱんは、おだてられて調子に乗ってしまうような雰囲気を出してみましょう。
⑫	**キツネ** なんて素敵な声なんでしょう。どうか、もう１度、うたってください。今度は、私の鼻の上にいらしてください。私は、このごろ耳が遠くてね。あなたのすばらしい歌をよく聞きたいので。どうかお願いします。 **パン** もちろん、いいですよ。（キツネの鼻の上に乗る）ぼくは、天下のおだんごぱん。おじいさんからも、おばあさんからも、ウサギからも、オオカミからも、クマからも、逃げ出したのさ。キツネからも逃げ出すよ。	☞ キツネが大げさにおだんごぱんをほめたたえるように表現してみましょう。
⑬	**キツネ** どうも、ありがとう。ああ、なんてすばらしい歌なんでしょう。お願いだから、もう１度、うたってください。今度は、この舌先にいらしてください。そのほうがよく聞こえるから。 **パン** もちろん、いいですよ（キツネの舌先に乗る）。 **キツネ** （舌先でパンを打ち上げる）それ！ **パン** わー！	☞ おだんごぱんが、いそいそとキツネの言うなりになってしまうように表現してみましょう。

場面	お話の流れ	ポイント
⑭	**キツネ** いただきます、パク！（パンを下手のポケットに素早くしまう）もぐもぐもぐ。あー、おいしかった。ごちそうさま。	☞ キツネがおだんごぱんをまんまとうまくだましたという雰囲気を出してみましょう。
⑮	**N** おじさんからも、おばあさんからも、ウサギからも、オオカミからも、クマからも逃げてきたおだんごぱんは、とうとう最後にキツネに食べられてしまいました（間を少しあける）。これで、お話は、チョキン、パチン、ストン。おしまい！	☞ トーンを変えて、これでお話はおしまいですよ、と子どもたちに伝えるようにしましょう。お話の世界から、現実世界へ戻ってくる大切な部分です。

こんなふうに応用してみよう！

『おだんごぱん』は、お話の骨組みがしっかりしているので、さまざまに応用できます。たとえば、登場人物を変えることもできます。動物でなく、農夫や牛飼いなどを登場させることもできます。あるいは、ロボットや怪獣やテレビの人気番組の登場人物でもよいでしょう。このお話は、くり返しが多く、言葉がリズミカルなので、すぐに節をつけて、歌を子どもたちと一緒につくることも簡単にできます。また、おだんごぱんのペープサートをつくって、いろいろな場所に子どもたちと一緒に逃げていく劇遊びに発展させることもできます。

低年齢児 おだんごぱんが、子どもたちのところへ逃げていくような場面を取り入れてみましょう。

3歳児 少しゆっくりと語りながら、同じセリフを子どもたちが一緒に言いはじめるような雰囲気をつくってみましょう。

5歳児 子どもたちが考えた登場人物をつくって、新しい物語を演じてみましょう。ストーリーエプロンをきっかけにして、劇遊びに発展させてみましょう。

The World of Story Aprons

ストーリーエプロンを
つくってみよう

ストーリーエプロンをつくってみよう

つくり方の基本

＊ 準備しておきたい主な用具類

[サインペン] イラストを描いたり、色を塗るときに使う。

[工作ばさみ] 紙を切るときに使う。

[裁ちばさみ] 布を切るときに使う。

[まち針] 布がずれないように固定する。

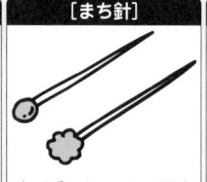

[縫い針] 手縫い用の針と刺しゅう糸用の針があるとよい。

[チャコペン] できあがり線を書いたりするペン。水で洗うと消える。

[チャコペーパー] 布と型紙の間にはさんで型紙をなぞると布に印をつけられる複写紙。

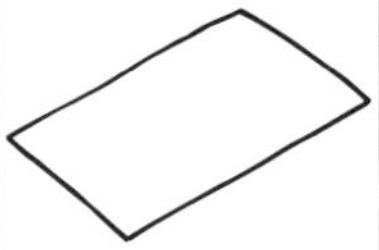

[ルレット] 紙や布に点線状の印をつけるのに使う。

[リッパー] ミシンで縫った箇所をほどくときなどに使う。

[アイロン] アイロンでつくフェルトや面ファスナーがある。

＊ 型紙のつくり方と布の裁ち方

1. 型紙は縮小し掲載しているので、表示されている％に拡大してコピーしたり、表示のできあがりの大きさに合わせて用紙に型紙を写し、型紙をつくる。

2. 縫い代のある型紙は裁ち切り線、縫い代のない型紙はできあがり線に合わせて切り取る。

3. 型紙に合わせて布を切る。

[縫い代のない型紙] 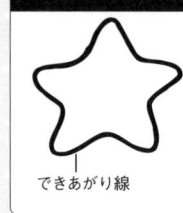
できあがり線
布の裏側に型紙を置き、動かないようにまち針でとめ、チャコペンでできあがり線をなぞり、その線で切り取る。

[縫い代のある型紙]
裁ち切り線
縫い代

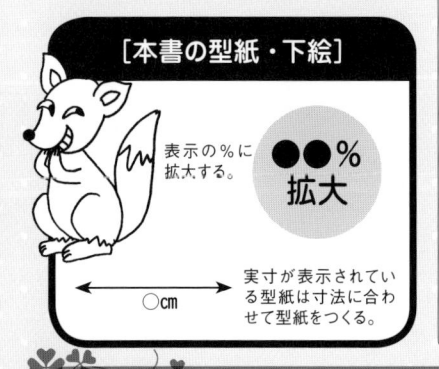

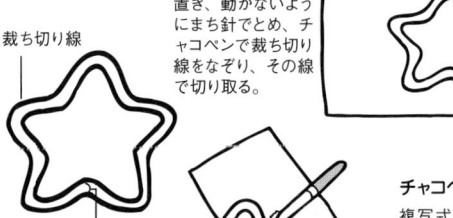

チャコペンを使う
布の裏側に型紙を置き、動かないようにまち針でとめ、チャコペンで裁ち切り線をなぞり、その線で切り取る。

チャコペーパーを使う
複写式のチャコペーパーを型紙と布の間にはさみ、ルレットでできあがり線をなぞり、布にできあがり線を写しつける。

[本書の型紙・下絵]
表示の％に拡大する。 ●●％拡大
実寸が表示されている型紙は寸法に合わせて型紙をつくる。 ○cm

Point 糸の種類

裁縫で使用する糸には、しつけ糸、手縫い糸、ミシン糸などがあります。しつけ糸は仮縫いのために使う糸で、手で簡単に切ることができます。手縫い糸・ミシン糸は実際に布を縫い合わせるときに使い、布の厚さや種類で糸の太さを使い分けます。一般的に厚い生地には太い糸を使用します。

[しつけ糸] [ミシン糸] [手縫い糸]

つくり方の基本 73

✻ 縫い方の基本

ミシンと手縫いを使い分けよう。直線や簡単な部分はミシンを使い、複雑な部分は手縫いにするとよい。よく使う縫い方については下記を参照しよう。

手縫い[玉結び]　糸の端に手で結び目をつくる。

| 親指と人差し指で糸の端をもち、左指でもう一方をもつ。 | 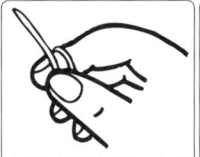 人差し指に糸を引っかけ輪をつくる。 |  つくった輪を親指と人差し指でねじる。 |  糸の端に向かって、さらに3～4回ねじりつつ人差し指からはずす。 |  爪でしごいて、糸の端に結び目をつくる。 |

手縫い[玉止め]　縫い終わりなどに、針で結び目をつくる。

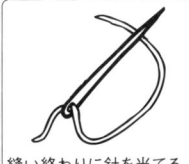

| 縫い終わりに針を当てる。 |  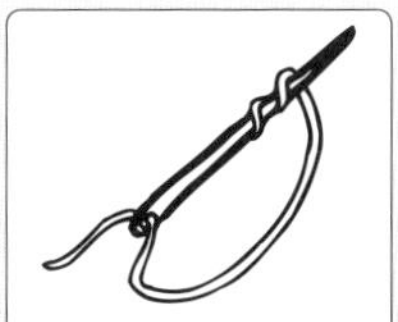 針先に2～3重に糸を巻く。 | 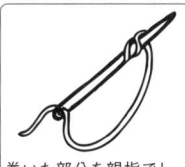 巻いた部分を親指でしっかり押さえる。 |  巻いた部分がずれないように押さえて針を抜く。 |  結び目ができる。 |

手縫い[並縫い]
布と布を縫い合わせるもっとも一般的な縫い方。

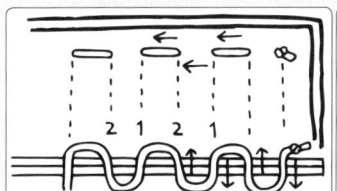

手縫い[本返し縫い]
針の元の縫い目に返しながら縫う方法で、丈夫な縫い方。

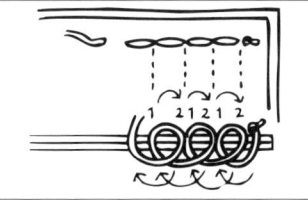

手縫い[かがり縫い]
布の端をすくって、巻くように針を進めていく縫い方。

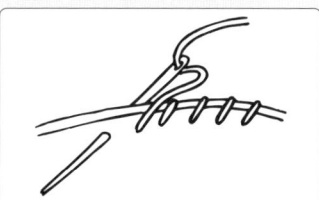

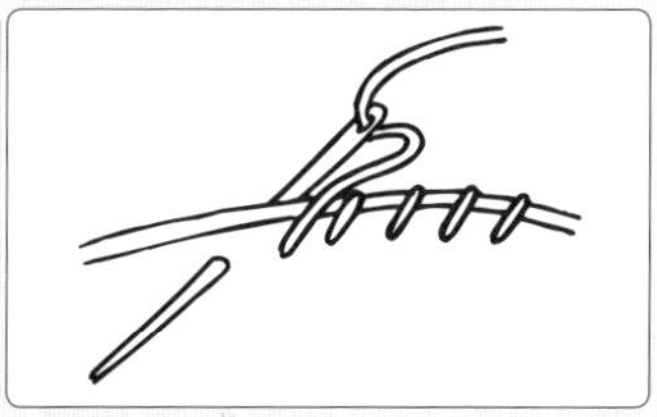

手縫い[縦まつり縫い]
縫い目が布端に対して直角になるように縫いつける方法。

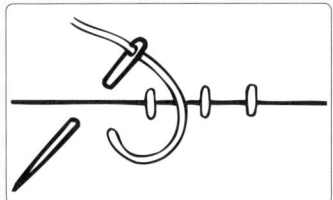

手縫い[ブランケットステッチ]
ブランケット（毛布）のまわりをかがるようにしていく縫い方。フェルトを縫うときなどにもよく使う。

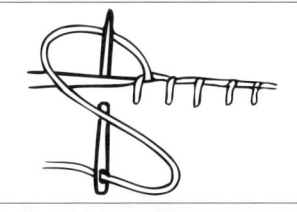

Point　綿の詰め方
人形などに手芸用の綿を詰めるときは、そのまま詰めずにほぐしてから詰めましょう。また一度にたくさん詰めずにバランスをみて少しずつ詰めましょう。綿の詰め方で人形の表情なども変わります。

ミシン[直線縫い]
布を縫い合わせるときの通常の縫い方。

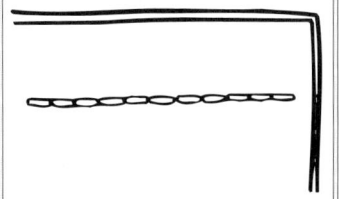

ミシン[返し縫い]
通常、ミシンのかけはじめと終わりに、糸のほどけ防止のためにする縫い方。

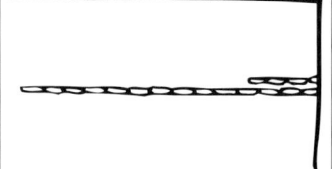

ミシン[ジグザグ縫い]
布のほつれ防止のため、端の始末をするための縫い方。

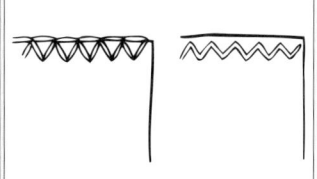

つくり方 1 ふしぎなポケット

タオルエプロン

[タオルエプロン本体]
- フェイスタオル　1枚
- 太いアクリルひも　3m
- 面ファスナー　3cm角×8個分
- 明るい色のフェルト　適宜（ポケット部分）

[ビスケット]
- 茶色およびオレンジ系のフェルト　適宜
- 刺しゅう糸　手芸用綿
- 面ファスナー　3cm角×8個分

材料

型紙

＊茶色やオレンジ系のフェルトで各ビスケットの形に2枚ずつ（表裏分）切り抜く。縫い代は不要。

＊ビスケットの飾りとなる部分は、下記を参照し、フェルトの色を変えて切り抜いたり、刺しゅうをするなどで、表部分のみに飾りをつける（下記参照）。

200%拡大

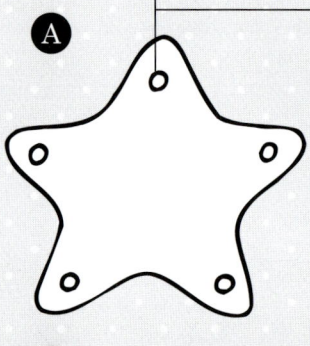

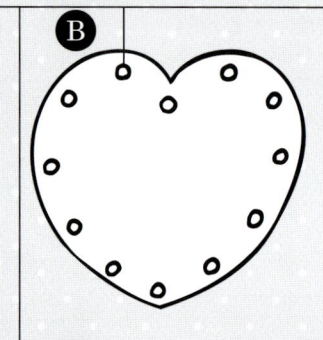

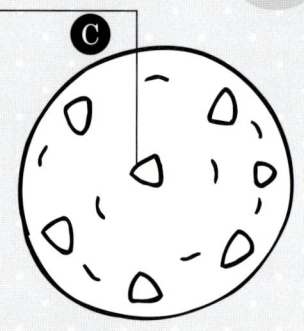

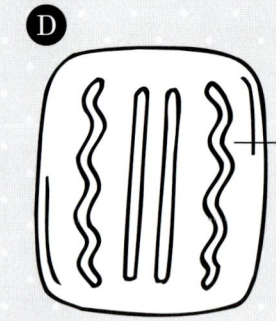

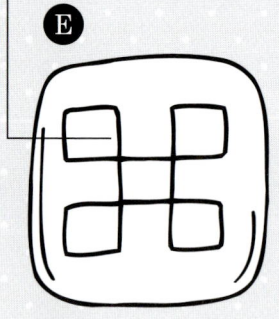

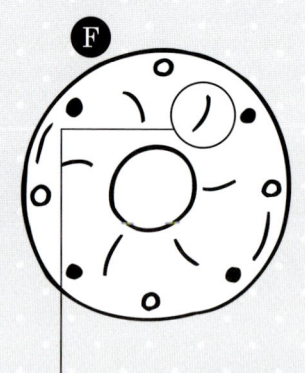

A〜Fのビスケットの飾りは、縫い合わせる前にアイロンで貼りつけるタイプのフェルトを切って貼るか、シールタイプのフェルトを貼る。

A　B　C

D　E　F

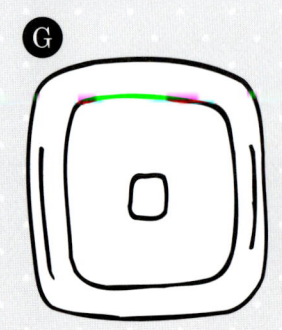

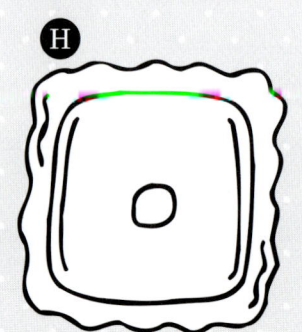

クッキーの凹凸などは、刺しゅうで飾りをつける。

G　H

GとHの表の飾りについては、型紙のように土台と違う色のフェルトを一回り小さく切り抜き、縫いつける。

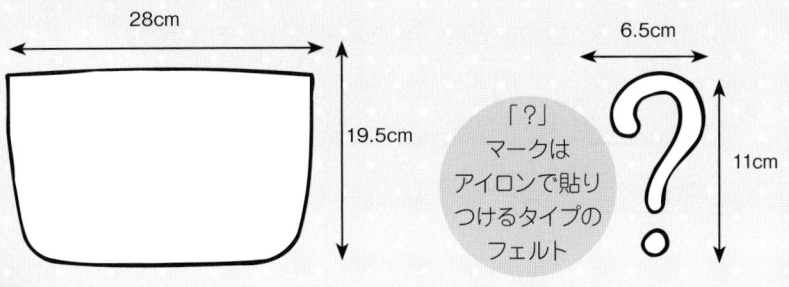

つくり方1　ふしぎなポケット［タオルエプロン］　75

28cm
19.5cm

6.5cm
11cm

「？」マークはアイロンで貼りつけるタイプのフェルト

[本体]

つくり方

① ポケットの飾りとなる「？」を、ポケット形に切り取ったフェルトにアイロンで貼りつける。

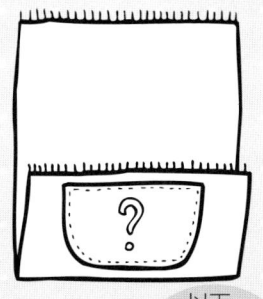

② ポケットの飾りをミシンで縫いつける。

以下、基本のタオルエプロンのつくり方を参照。p.15

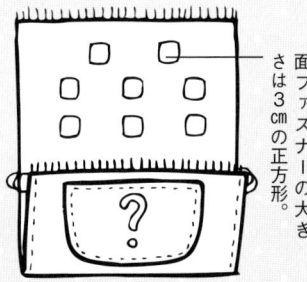

③ 8か所に面ファスナーをつける。タオル生地にはアイロンで貼りつけるタイプの面ファスナーはつきにくいので、手縫いにするか、ミシンで縫いつける。

面ファスナーの大きさは3cmの正方形。

[ビスケット　A～F]

① ビスケットの裏側に面ファスナーをつける。

② 2枚を縫い合わせる。

③ 全部縫い合わせず、手芸用綿を入れる。

④ 綿を入れたら、縫い合わせてできあがり。

3cmくらいあけておく。

[ビスケット　GH]

表の飾りとなる小さい部分のフェルト等を縫いつけ、裏側のフェルトに面ファスナーをつけ、他と同様に2枚縫い合わせて綿を入れてできあがり。

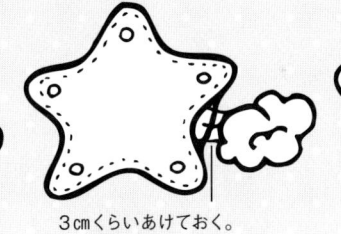

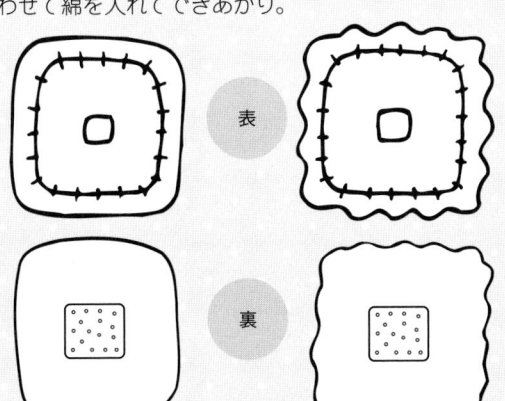

表

裏

Point　面ファスナーの種類

　市販されている面ファスナーは、主に「縫いつけるタイプ」「アイロンで貼りつけるタイプ」「シールタイプ」があります。
　タオル生地のように起毛しているものにはアイロンタイプやシールタイプは貼りつきにくいので、縫いつけるタイプを使用したほうがしっかりとつきます。一方、木綿などの起毛の少ない生地には、アイロンタイプやシールタイプでもしっかりとくっつきますので、生地のタイプに合わせて適宜選びましょう。
　また、接着面も凸凹タイプと、フックとループが同じ面にあるフリータイプのものがあります。

つくり方 2 手を洗おう

タオルエプロン

材料

[タオルエプロン本体]
- フェイスタオル　1枚
- 太いアクリルひも　3m
- 面ファスナー　2.5cm幅×15cm　1本

[絵カード]
- Pペーパー　B4判厚口　6枚
- 面ファスナー　1.5cm幅×10cm　11本
- サインペン　ボンド

つくり方

❶ 基本のタオルエプロンをつくる。面ファスナーは右図のようにミシンなどで縫いつける（p.15）。

❷ 絵カードをPペーパーでつくる。下絵を拡大し、Pペーパーにイラストを写し取り、着色して切り取る。

❸ Pペーパーの裏にはボンドで面ファスナーをつける。

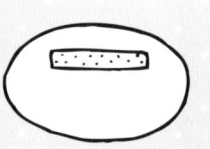

下絵

＊掲示する際にわかりやすいよう、下絵には手洗いの順番を入れてあります。

300%拡大

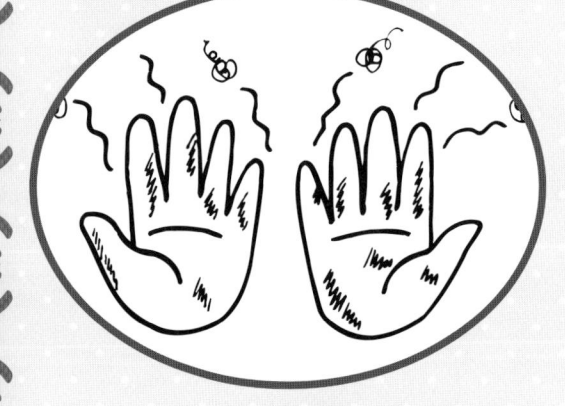

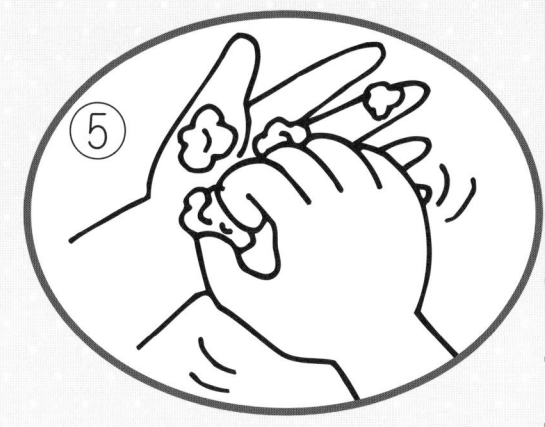

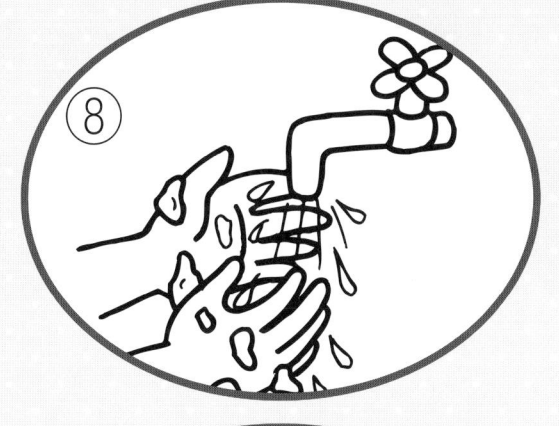

つくり方2　手を洗おう［タオルエプロン］　77

Point　Pペーパーについて

パネルシアターで使うPペーパーとパネル布には不織布を用います。パネルシアターの創設者である古宇田亮順は、Pペーパーには、ＭＢＳテック130番、180番の不織布、パネル布には日本不織布3150番が適しているとすすめています。

Pペーパーとパネル布は大型の書店などでも手に入れることができます。

つくり方 3　はてなポケット

タオルエプロン

材料　フェイスタオル　1枚
　　　　太いアクリルひも　3m

つくり方　基本のタオルエプロンをつくる（p.15 参照）。

つくり方 4　すうじの歌

前かけエプロン

材料

［前かけエプロン本体］
茶色の木綿布　90cm幅×100cm

［ペープサート］
画用紙　割り箸
サインペン　工作のり
セロハンテープ

つくり方

❶基本の前かけエプロンをつくる（p.17 参照）。
❷下絵を拡大コピーし、画用紙に直接コピーがとれる場合は下絵をコピーする。直接コピーがとれない場合は、下絵を写して着色する。
❸枠で切り取り、裏側にセロハンテープで割り箸を貼りつける。両面をのりで貼り合わせれば、できあがり！

【下絵】【ペープサート】

150%拡大

1　工場のエントツ

つくり方4　すうじの歌［前かけエプロン］　79

2　お池のガチョウ

3　赤ちゃんのお耳

4　かかしの弓矢

80　ストーリーエプロンをつくってみよう

5　お家の鍵

6　タヌキのおなか

7　壊れたラッパ

つくり方4　すうじの歌［前かけエプロン］　81

8　棚のダルマ

9　おたまじゃくし

10　エントツとお月様

つくり方 5 1匹の野ねずみ

前かけエプロン

材料

[前かけエプロン本体]
木綿布　90cm幅×100cm

[指人形]
グレーのフェルト　その他のフェルト　刺しゅう糸

型紙 120%拡大

[ネズミ指人形・耳]
グレーのフェルト
5体分　10枚

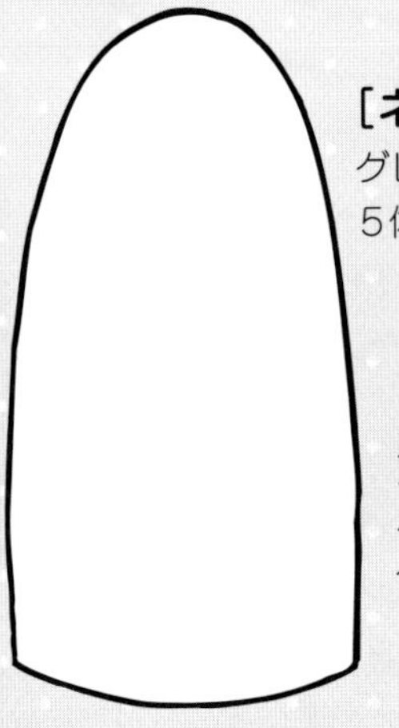

[ネズミ指人形・胴体]
グレーのフェルト
5体分　10枚

[ネズミ指人形・耳の中]
アイロンでつくフェルト
ネズミごとに色を変える。
5体分　10枚

つくり方

[前かけエプロン]
基本の前かけエプロンをつくる（p.17参照）。

[ネズミ指人形] 
❶ネズミの耳と耳の中をアイロンで貼りつける。

ネズミ胴体（表）

❷それぞれのネズミの顔をフェルトと刺しゅう糸で縫いつける（下記参照）。

❸2枚を重ね、その間に耳をはさみ、胴体のまわりをブランケットステッチで縫い合わせる。耳の部分はかがり縫いの要領で縫う（ブランケットステッチ、かがり縫いはp.73参照）。

表

[お父さんネズミ]
- 目：アイロンでつくフェルトを貼りつける。 
- ヒゲ・口：刺しゅう糸でヒゲは一目ずつ縫い、口は本返し縫いで縫う。各ネズミ同様。

[お母さんネズミ] 
- 歯：アイロンでつくフェルトを貼りつける。
- 鼻：アイロンでつくフェルトを貼りつける。各ネズミ同様。

[お兄さんネズミ] 
- 目：刺しゅう糸で本返し縫いで縫う。

[お姉さんネズミ]
- 目：アイロンでつくフェルトを貼りつける。

[赤ちゃんネズミ]
- 目：表で玉止めした刺しゅう糸を裏に出してとめる。

Point アイロンでつくフェルト

フェルトにはアイロンでつけることのできるものがあり、目や鼻など顔や細かい部分をつくるときにとても便利です。また、シールタイプのフェルトも市販されています。つくりたいものやパーツに合わせて上手に活用しましょう。

つくり方6　三びきのやぎのがらがらどん［前かけエプロン——舞台付き］

前かけエプロン 舞台付き　三びきのやぎのがらがらどん　つくり方6

材料

[舞台付きストーリーエプロン本体]
- スチレンボード（厚さ7mm、A3判）　1枚
  ※片面がシールタイプのものがつくりやすい。
- アクリルひも（太）　3m
- 幅広面ファスナー　10cm×20cm　2枚
- A3の用紙
- 黒色の木綿布　90cm幅×1.5m
- 両面テープ　適宜
- フェルト　適宜
- 毛糸　適宜

[小・中・大のやぎとはげ山、草の茂った山、橋]
- 画用紙・色画用紙　適宜
- 面ファスナー　適宜
- ボール紙（厚紙）　適宜
- ボンド
- サインペン

[トロルのパペット]
- 使い古しの靴下　1足分
- 胴体部分の茶色の布　90cm×30cm
- ボール紙（厚紙）　適宜
- モール　2本
- フェルト　適宜
- 手芸用綿
- 刺しゅう糸
- 毛糸　適宜

型紙

[舞台付きストーリーエプロン本体]

[本体]
- 30cm　43cm　30cm
- 103cm
- 50cm
- 縫い代　各3cm

[ポケット部分]
- 103cm
- 34cm

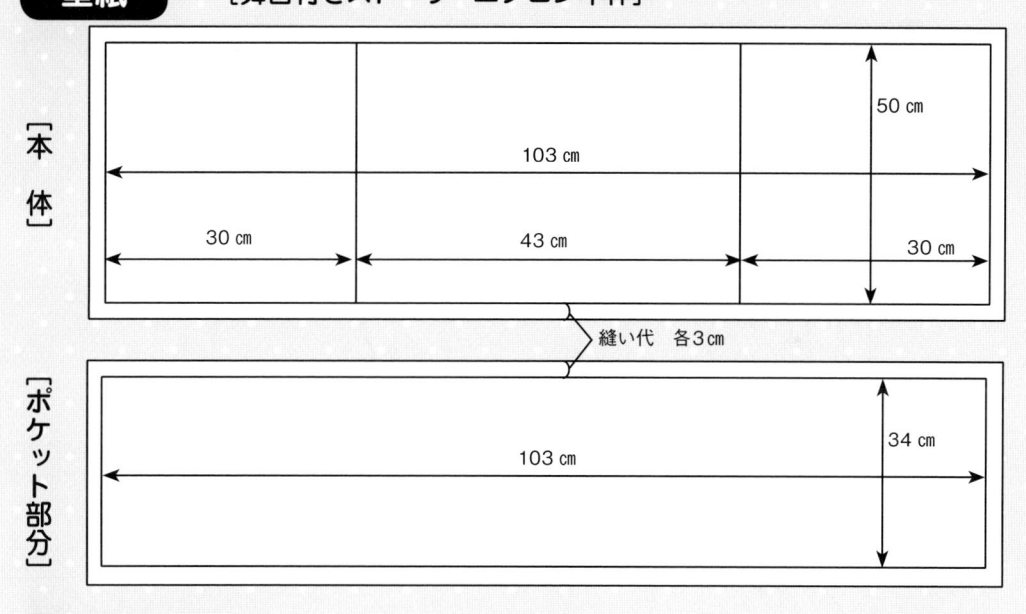

つくり方

[舞台付きストーリーエプロン本体]

基本の前かけエプロンのつくり方参照（p.17）。前かけエプロンの腰ひもをつける前までと、つくり方は同様。腰ひもは不要。

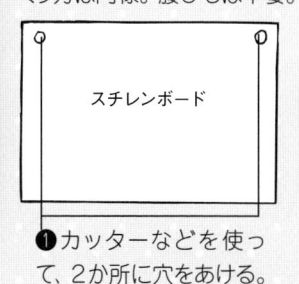

❶ カッターなどを使って、2か所に穴をあける。

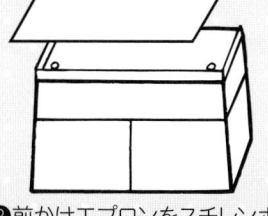

スチレンボード

❷ 前かけエプロンをスチレンボードの周囲3辺に巻くように取りつける。表面がシールタイプのスチレンボードであれば、縫い代部分をシール部分に貼る。上からスチレンボードより一回り小さめに切った紙を貼る。

❸ アクリルひもを図のように取りつける。ボードの下側になる部分はひもが抜けないように大きめの結び目をつくる。

❹ 幅広の面ファスナーをボードの中心部分にボンドなどで貼りつける。

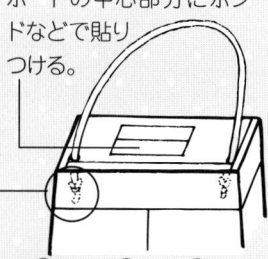

84　ストーリーエプロンをつくってみよう

下絵　[小・中・大のやぎ]　150%拡大

つくり方6　三びきのやぎのがらがらどん［前かけエプロン──舞台付き］　85

下絵　［小・中・大の太ったやぎ］

ストーリーエプロンをつくってみよう

下絵 ［はげ山、草の茂った山、橋］

200％拡大

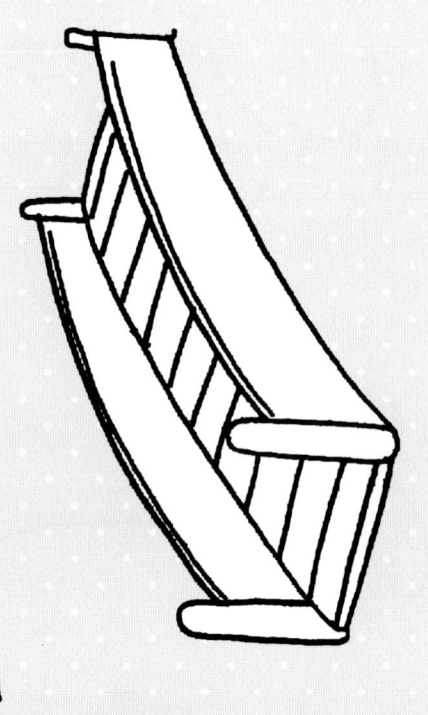

つくり方

［はげ山、草の茂った山、橋］

①イラストを貼りつける土台をボール紙（厚紙）でつくる。

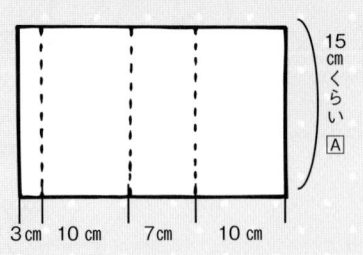

3cm　10cm　7cm　10cm
15cmくらい Ⓐ

②三角柱状に折り、テープなどでとめる。

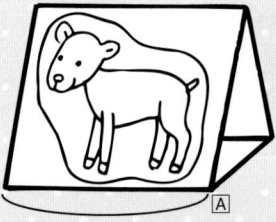

③イラストはそれぞれ色を塗っておく。塗ったイラストを土台に貼りつける。やぎは裏表、山と橋は片側に貼りつける。

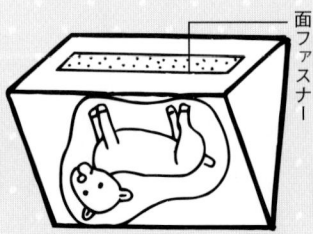

④底に面ファスナーをボンドで貼りつける。

面ファスナー

Point

簡単にできる紙でつくるパペット

ここで紹介したパペットは、土台となる三角柱につくったイラストを貼るだけでできる簡単な紙パペットです。イラストをイラストの輪郭で切り抜くと、パペットがよりリアルに表現できます（口絵参照）。やぎのように表と裏で向きを変えたり、お話の展開によっては、表と裏で表情を変えてもおもしろいでしょう。ここで紹介しているつくり方だけではなく、いろいろ工夫してみましょう。

つくり方6　三びきのやぎのがらがらどん［前かけエプロン──舞台付き］　87

型紙　［トロル］

150%拡大

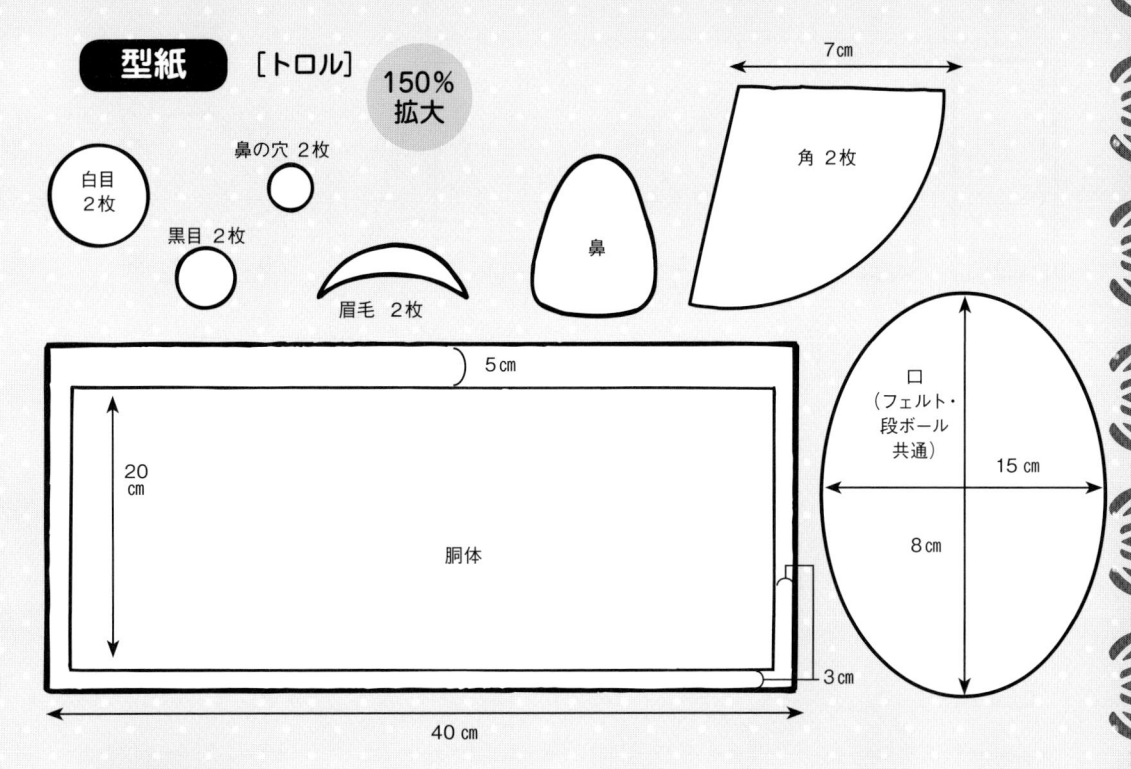

白目 2枚
鼻の穴 2枚
黒目 2枚
眉毛 2枚
鼻
角 2枚　7cm

胴体　5cm　20cm　40cm　3cm

口（フェルト・段ボール共通）　15cm　8cm

つくり方

[トロル：靴下パペット]

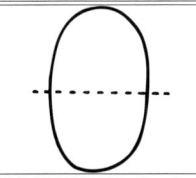

①楕円型に段ボールを切り取り、真ん中に折り目をつけておく。

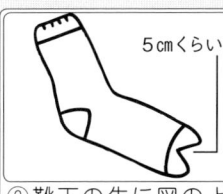

②靴下の先に図のように5cmくらい切り込みを入れる。　5cmくらい

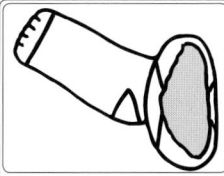

③切り込み部分に段ボールをはさむ。

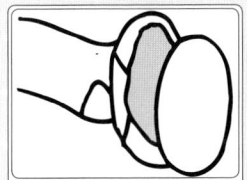

④段ボールと同じ大きさに切ったフェルトをボンドで貼る。

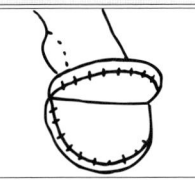

⑤フェルトが取れないように靴下とフェルトをかがり縫いで縫いつける。

⑥もう片方の靴下の先の部分を切り取る。

⑦切り取ったつま先の部分に手芸用綿を詰める。

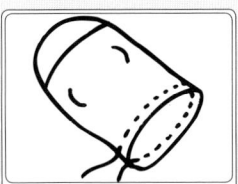

⑧綿を詰めた口を並縫いし、布の端を内側へ入れ、絞って閉じる。

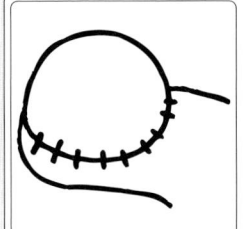

⑨⑤の上に⑧を縫いつける。

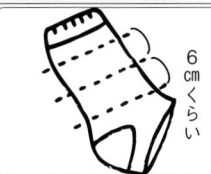

⑩靴下の残った部分で手になるパーツを切る。　6cmくらい

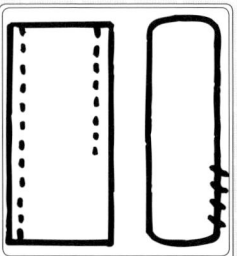

88　ストーリーエプロンをつくってみよう

⑪裏返して両脇を縫う。片方だけ3cmほど残し、ひっくり返し、かがり縫いで全部縫う。

⑫角をつくる。扇形に切ったフェルトを縫い合わせ、手芸用綿を詰める。2つつくる。

⑬パペット本体に角をつける。刺しゅう糸をジグザグに巻いて、角に飾りをつける。

⑭毛糸でポンポンを6つつくる。

⑮バランスを見てポンポンを顔のまわりに縫いつける。また、眉毛、目、鼻を顔に縫いつける。

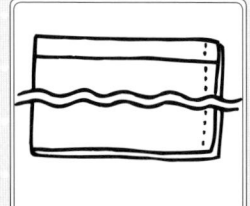

⑯胴体をつくる。端はジグザグミシンをかけ、始末しておく。二つ折りにし、端を縫う。縫い代は左右に開いておく。

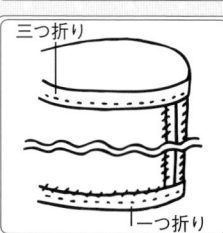

⑰裾(下)は一つ折り、上は三つ折りにし、それぞれミシンをかける。ゴムを入れる口を3cmほど空けておく。

⑱空けておいたところから、ゴムを入れる。

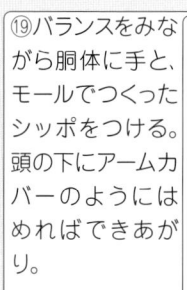

⑲バランスをみながら胴体に手と、モールでつくったシッポをつける。頭の下にアームカバーのようにはめればできあがり。

Point パペットの表情のつけ方

パペットは、目や鼻や口をつける位置で表情が決まります。顔全体の下寄りに目などをつけると幼い顔に見えます。そのとき左右の目はあまりくっつけないほうが、より幼く見えるでしょう。

逆に目を顔全体の上のほうにつけると少し大人っぽく仕上がります。つくりたいパペットに合わせて工夫すると楽しいですね。

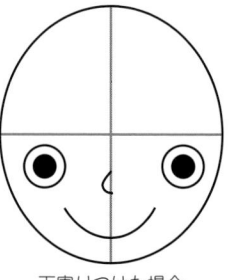

下寄りつけた場合　　上寄りつけた場合

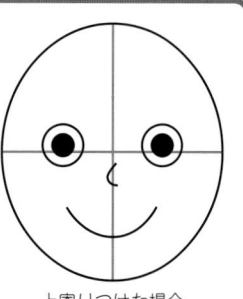

つくり方7 バランスよく食べよう［ポンチョエプロン］

ポンチョエプロン　バランスよく食べよう

材料

［ポンチョエプロン本体］
- 白色の木綿布　90㎝×90㎝
- 黄緑色の木綿布　90㎝×90㎝
- 黄土色の木綿布　90㎝×90㎝
- 水色の木綿布　90㎝×90㎝
- 面ファスナー　適宜
- バイアステープ
  （4色：白・黄緑・黄土・水色）

［絵カード］
- 画用紙（厚手）　適宜
- 面ファスナー　適宜
- サインペン
- 接着剤

［鍋つかみパペット：栄養士の健子さん］
- 鍋つかみ　1つ
- 白・茶色・黒・赤・肌色のフェルト
- 刺しゅう糸

下絵　［絵カード］　200%拡大

［ごはん］

［パン］

［スパゲティ］

［サラダ］

90　ストーリーエプロンをつくってみよう

［ほうれん草のおひたし］　　　［野菜の煮物］

［ハンバーグ］ 　　　［焼き魚］

［目玉焼き］ 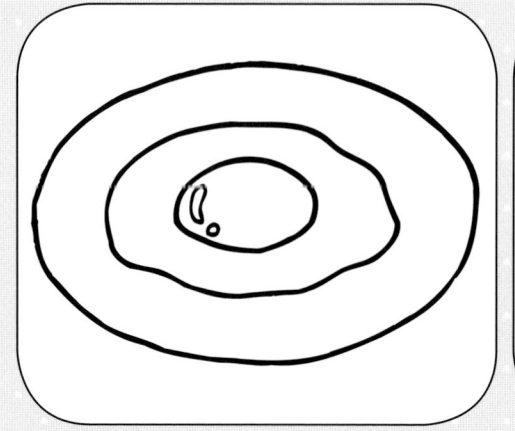　　　［リンゴ］

つくり方7　バランスよく食べよう［ポンチョエプロン］　91

［牛乳］　　　　　　　　　［スライスチーズ］

つくり方[絵カード]

① 拡大した下絵をカーボン用紙などで画用紙に写す。

② 太サインペンでイラストに着色する。輪郭線は太めに書くとよい。

③ 絵カードの裏に面ファスナーを接着剤でつける。

型紙　［鍋つかみパペット：栄養士の健子さん］

200%拡大

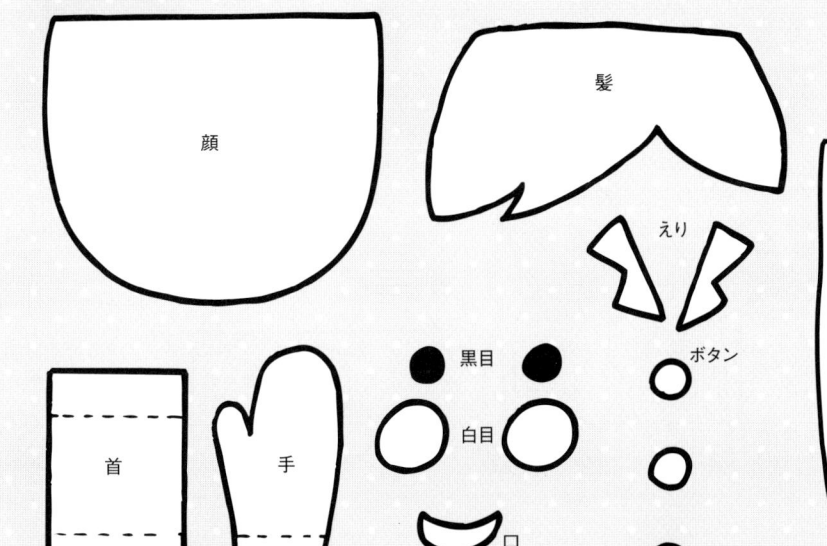

顔　髪　えり　腕　首　手　黒目　白目　ボタン　口

ストーリーエプロンをつくってみよう

200%拡大

胴体

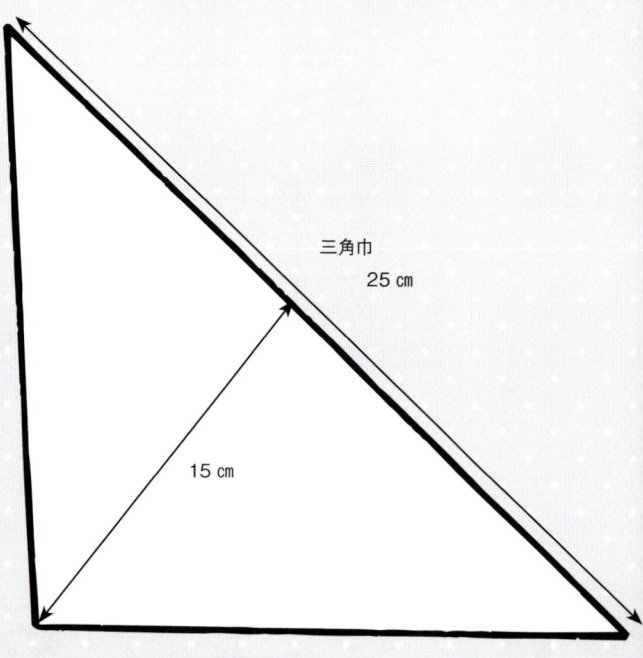

三角巾
25 cm
15 cm

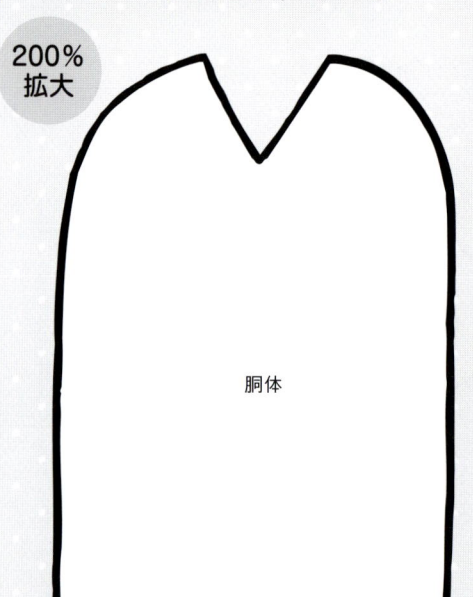

つくり方　[鍋つかみパペット：栄養士の健子さん]

① 拡大した型紙に合わせてフェルトを切り抜く。

② 顔に目と口、前髪を縫い、顔と首を縫いつける。

③ 白衣のボタンと襟を縫いつける。

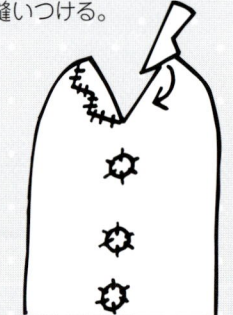

④ ミトンに顔と手を縫いつける。

⑤ 白衣の前身頃を縫いつけ、その後に腕を縫いつける。

⑥ 最後に三角巾を縫いつけて、できあがり。

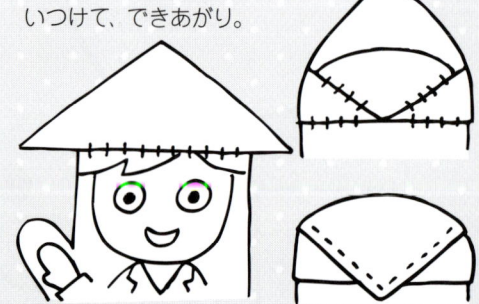

つくり方　[ポンチョエプロン本体]

ポンチョエプロン本体は、4面を4色の布で断ち、裾および襟ぐりを布と同じ色のバイアステープでくるむ。つくり方は、p.19の基本のつくり方と同様。

つくり方 8 町のネズミといなかのネズミ ［ポンチョエプロン］

材料

［ポンチョエプロン本体］
綿などの薄くてハリのある布　90㎝幅×300㎝
布と同じ色のバイアステープ　520㎝
面ファスナー　適宜

［ポンチョエプロン背景］
面ファスナー　適宜
タイトル場面：幕　綿など
　フェルト　適宜
道の場面：フェルト　適宜
田舎の場面：穴ぐら　綿など
　ワラのベッド　ベージュの毛糸　適宜
都会のダイニング場面：
　テーブルとイス　綿など
　暖炉　フェルト　茶・薄茶ほか　適宜

［パペット］
各刺しゅう糸　手芸用綿　面ファスナー
町のネズミ：
　グレー・赤・黄色・白・黒のフェルト　モール
いなかのネズミ：
　グレー・赤・ピンク・白・黒のフェルト　モール
家主：
　グレー・赤・ピンク・白・黒のフェルト
　刺しゅう糸　モール
ミルク：白・水色のフェルト
とうもろこし2本：黄色・黄緑・オレンジのフェルト
チーズ：黄色・オレンジのフェルト
ローストビーフ：白・茶色・オレンジのフェルト

つくり方　［ポンチョエプロン本体］

基本のポンチョエプロンのつくり方は同様だが、4面の端の始末をしたら、先に背景場面を縫いつける。背景場面のじゃまにならない場所に、パペットを入れておく裏ポケットを適宜つける（p.19）。

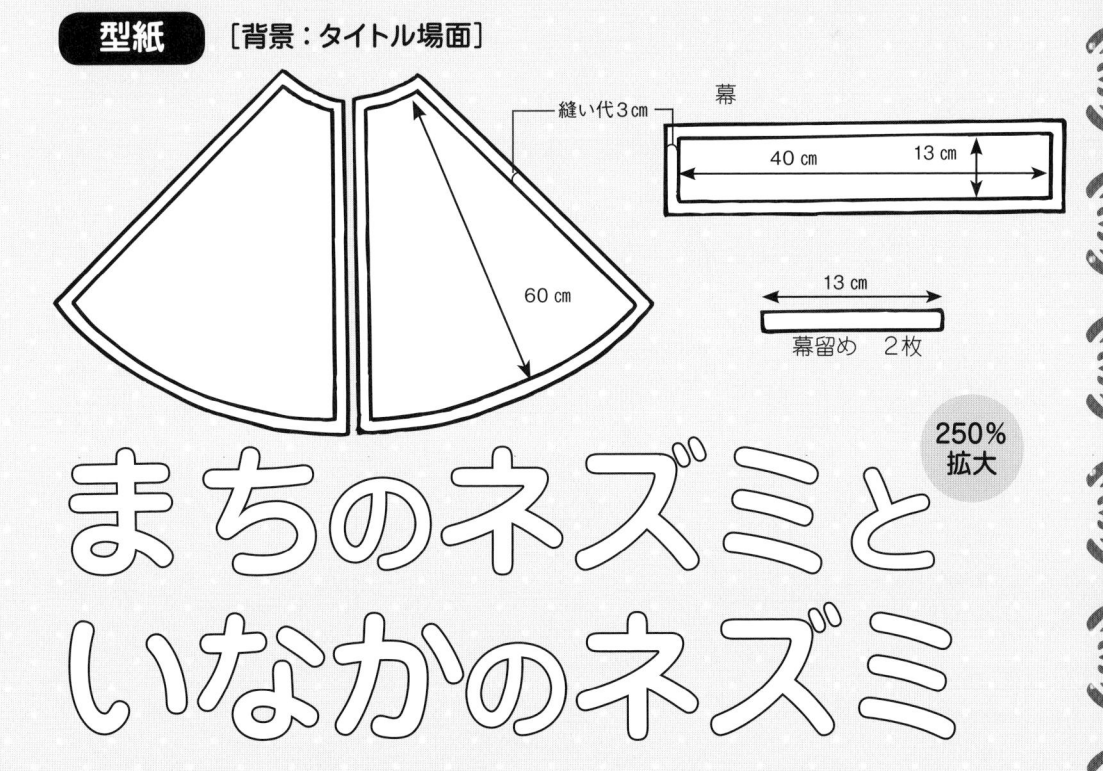

型紙　［背景：タイトル場面］

縫い代3㎝
60㎝
幕　40㎝　13㎝
13㎝
幕留め　2枚

250％拡大

まちのネズミと
いなかのネズミ

ストーリーエプロンをつくってみよう

つくり方 ［背景：タイトル場面］

①幕の縫い代部分にジグザグミシンをかけて端の始末をし、周囲を二つ折りにしミシンをかけておく。

②エプロン本体には、作品のタイトルをアイロンでつけるタイプのフェルトで貼りつける。幕留めの面ファスナーも本体につける。

③エプロン本体と幕の間に幕留めのフェルトをはさんで、幕を縫いつける。

④幕の上の部分を並縫いし、ギャザーを粗く寄せる。できあがり線でアイロンをかけ本体に縫いつける。

ギャザーはここの長さに合わせる。

まちのネズミといなかのネズミ

400%拡大

型紙 ［背景：道の場面］

- 木の幹 3枚
- 木 3枚
- 雲 4枚
- 草各 2枚ずつ
- 店の屋根
- 店
- 店の窓 3枚
- 店のドア
- 旗
- 城
- 城の窓 3枚
- ビル
- ビルのドア
- ビルの窓 3枚
- 道

つくり方8　町のネズミといなかのネズミ［ポンチョエプロン］

つくり方　［背景：道の場面］

①木や建物などの各パーツは先につくっておく。

②道→草→木の順に縫いつけていく。下側になる背景から縫いつける。

③次に❶城→❷ビル→❸店の順に、下側になる背景から縫いつける。

④バランスをみて、雲を縫いつける。

⑤中央に面ファスナーをつける。

❶城
❷ビル
❸店

型紙　［背景：いなかの場面］

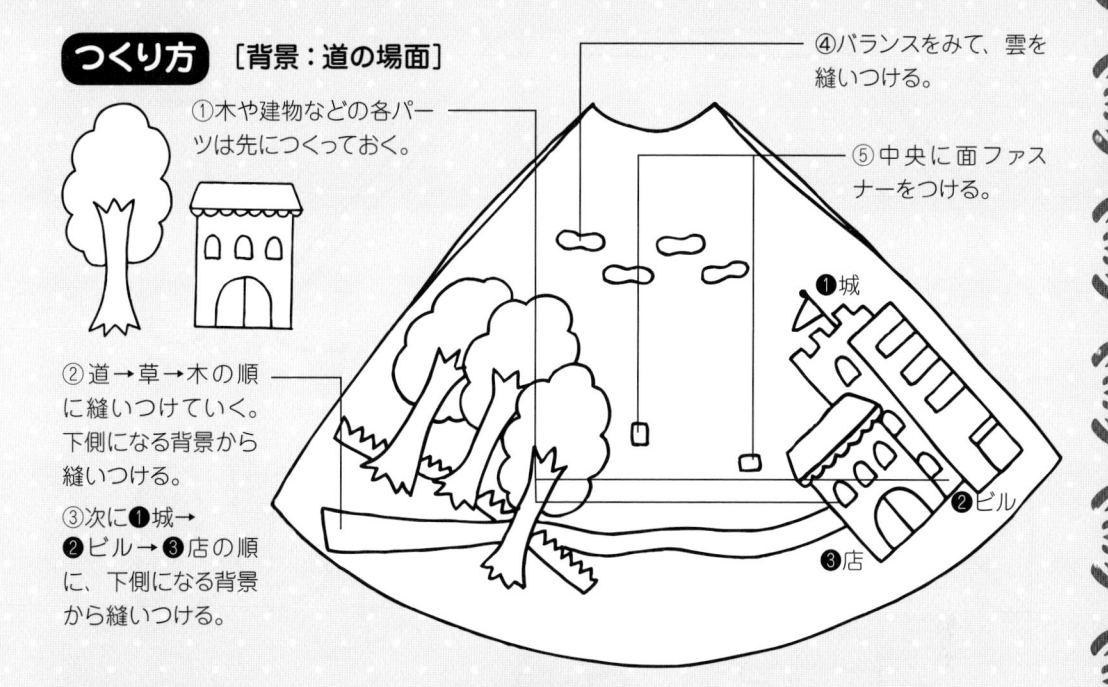

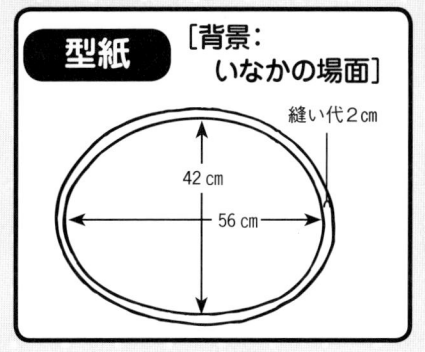

縫い代2cm
42cm
56cm

つくり方　［背景：いなかの場面］

①できあがり線と縫い代の間を粗く並縫いしておく。

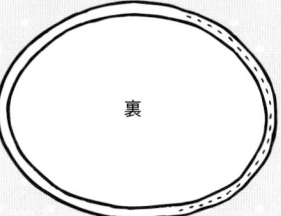

②並縫いした部分に少しずつギャザーを寄せながら、できあがり線でアイロンをかける。

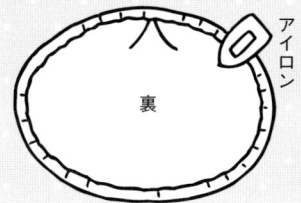

裏
裏
アイロン

③ポンチョ本体に背景を縫いつける。

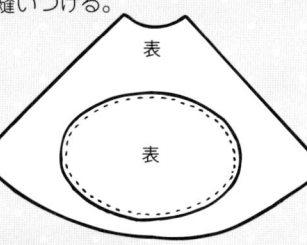

表
表

④毛糸を巻いたものを4つつくる。
20cm
厚紙

⑤ベッドに見立てて縫いつける。

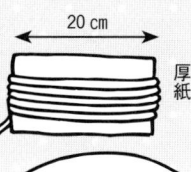

⑥面ファスナーをつける。

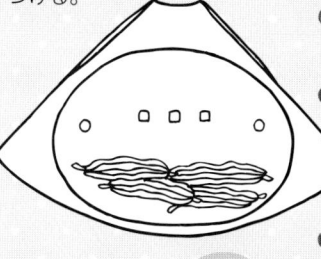

型紙　［背景：都会のダイニングの場面］

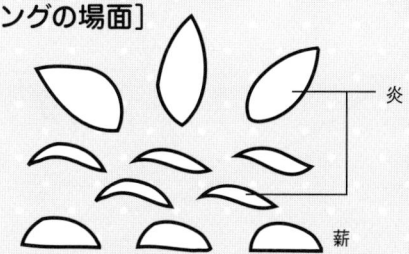

かまど
炎
薪

レンガ　30枚

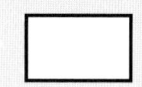

300%拡大

ストーリーエプロンをつくってみよう

350%
拡大

テーブル

テーブル脚
2枚

イス外側 イス内側 イス外側 イス内側 イス内側 イス外側 イス内側 イス外側

イスの座面

イスの脚

つくり方　[背景：都会のダイニングの場面]

①暖炉をつくる。暖炉は、アイロンでつくるフェルトをレンガのように貼りつけてつくる。その上にかまどを縫いつけて、炎などを貼りつける。暖炉ができあがったらエプロン本体に縫いつける。

27 cm
17 cm

②イスをつくる。イスの背もたれを外側が下になるようにそれぞれ貼り、エプロン本体に縫いつける。脚の部分が下になるように座面も縫いつける。

③テーブルと
テーブル脚は、p.95
いなかの場面の背景と
同様にできあがり線でアイロンを
かけ、最後に縫いつける。

④面ファスナーをつける。

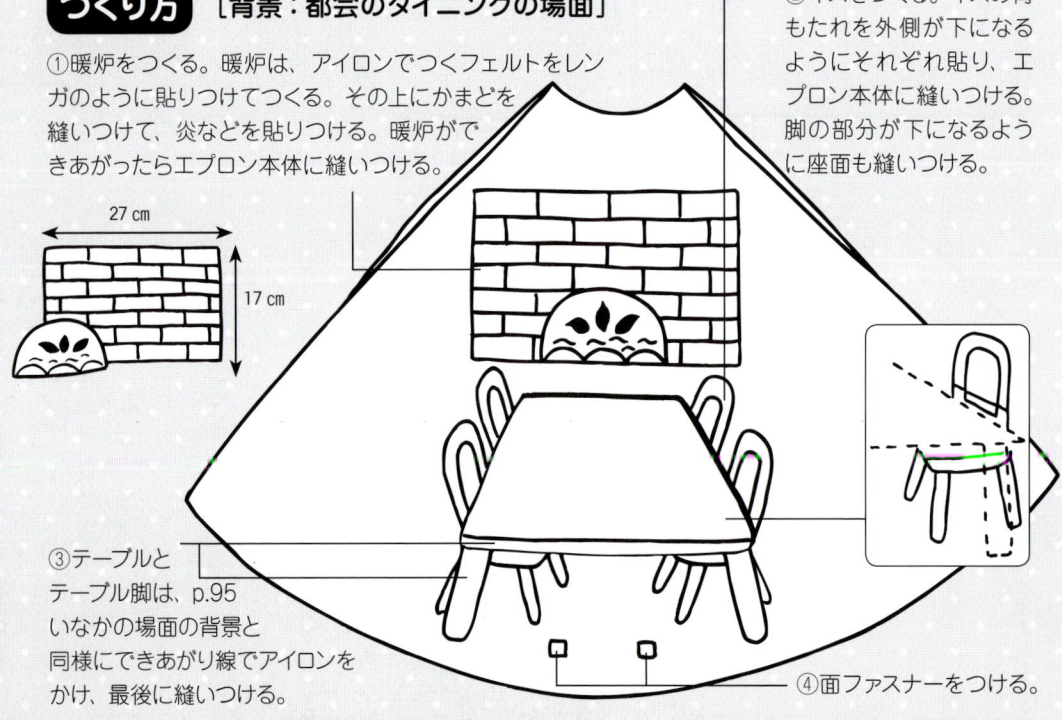

つくり方8　町のネズミといなかのネズミ［ポンチョエプロン］　97

150%拡大

型紙　[町のネズミ]

右耳の中／左耳の中／ネクタイ／口／右耳／顔　2枚／目　各2枚／鼻　2枚／胴体　2枚／上着　前身頃／上着　後ろ身頃／右足　2枚／襟／ボタン／右手　2枚／左手　2枚

つくり方　[町のネズミ]

①顔の部分をつくる。耳の中の部分をアイロンでつくフェルトで貼る。

②耳をはさみ込み、周囲を縫う。綿を入れる部分は空けておく。3cmくらい空ける。

③アイロンでつくフェルトで目・鼻・口を貼る。

④両手と左足は重ねて縫い合わせておく。

⑤前身頃には襟とボタンを縫いつけておく。後ろ身頃には3cm角の面ファスナーをつけておく。

⑥右足と両手をはさんで胴体を縫い合わせる。

⑦上着を縫いつける。周囲はブランケットステッチで縫う。ほかは、かがり縫い。ネクタイもつける。脚の部分に本返し縫いでステッチを入れる。

⑧頭と胴体に綿を入れる。

⑨頭で胴体をはさむようにして、頭と胴体をかがり縫いする。最後にモールでシッポをつくり、裏側に縫いつける。

ストーリーエプロンをつくってみよう

型紙 [いなかのネズミ]

150%拡大

- 顔 2枚
- 左耳
- 左耳の中
- 鼻 2枚
- 右耳の中
- 胴体 2枚
- 上着 前身頃
- 左足 2枚
- 右手 2枚
- 左手 2枚
- 上着 後ろ身頃
- 目 2枚
- 口

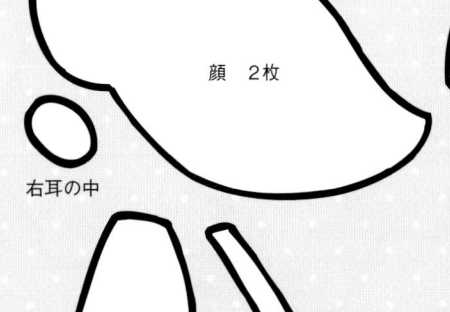

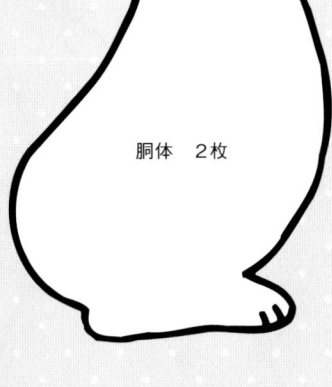

つくり方

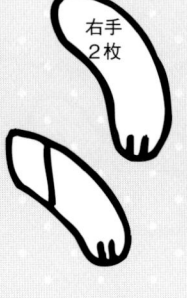

[いなかのネズミ]

p.97の町のネズミのつくり方と同様。

型紙 [家主]

- 顔 2枚
- 前髪
- 眉毛
- 後ろ髪
- 目 各2枚
- 口
- 右腕 2枚
- 右手
- ズボン 2枚
- 右足
- 左手
- 左腕 2枚
- 左足

つくり方8　町のネズミといなかのネズミ［ポンチョエプロン］　99

上着　前身頃

上着　後ろ身頃

襟

ネクタイ

シャツ部分

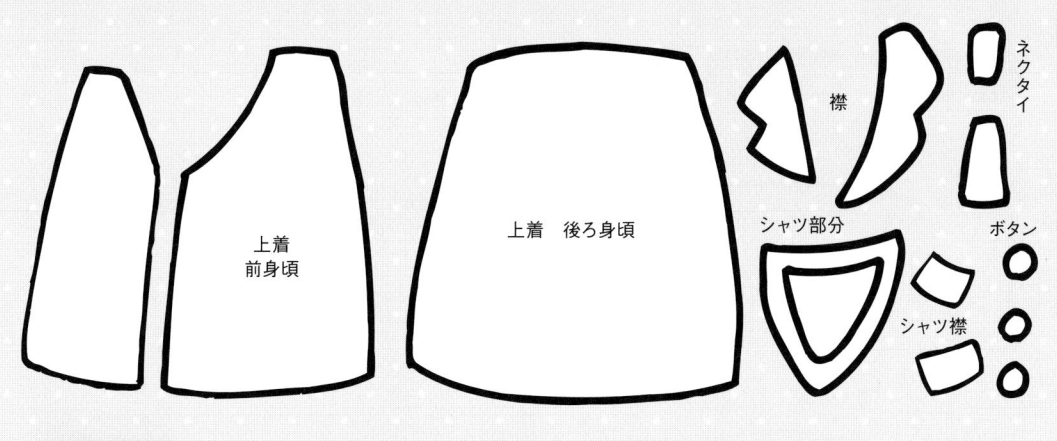

ボタン

シャツ襟

つくり方　[家主]

p.97の町のネズミのつくり方と同様。顔および洋服部分などのつくる順序については、下記参照。

① 顔の表に目、眉、口を貼りつけ、鼻は型紙に合わせて本返し縫いでステッチを入れる。前側の髪の毛、後ろ側の髪の毛はもう1枚の顔に縫いつける。

② 耳をはさみ、綿を入れる部分を残して縫う。

③ 前身頃に襟を縫いつける。

④ シャツ部分の襟とネクタイを縫い、前身頃と縫い合わせる。ボタンを縫いつける。

⑤ 腕に手をはさんで縫い合わせる。

⑥ 後ろ身頃には3cm角の面ファスナーをつける。前身頃・後ろ身頃にそれぞれズボンを縫いつける。

⑦ 上着とズボンを縫い合わせる。縫う際、手と足をはさんで縫う。

⑧ 頭と体部分に綿を詰めて、縫い合わせる。

型紙　つくり方　[食べ物：チーズ]

150%拡大

チーズ　2枚

チーズの柄

チーズの表側にアイロンでつくタイプのフェルトを貼りつけ、2枚重ねて縫い、綿を詰めて縫い合わせる。

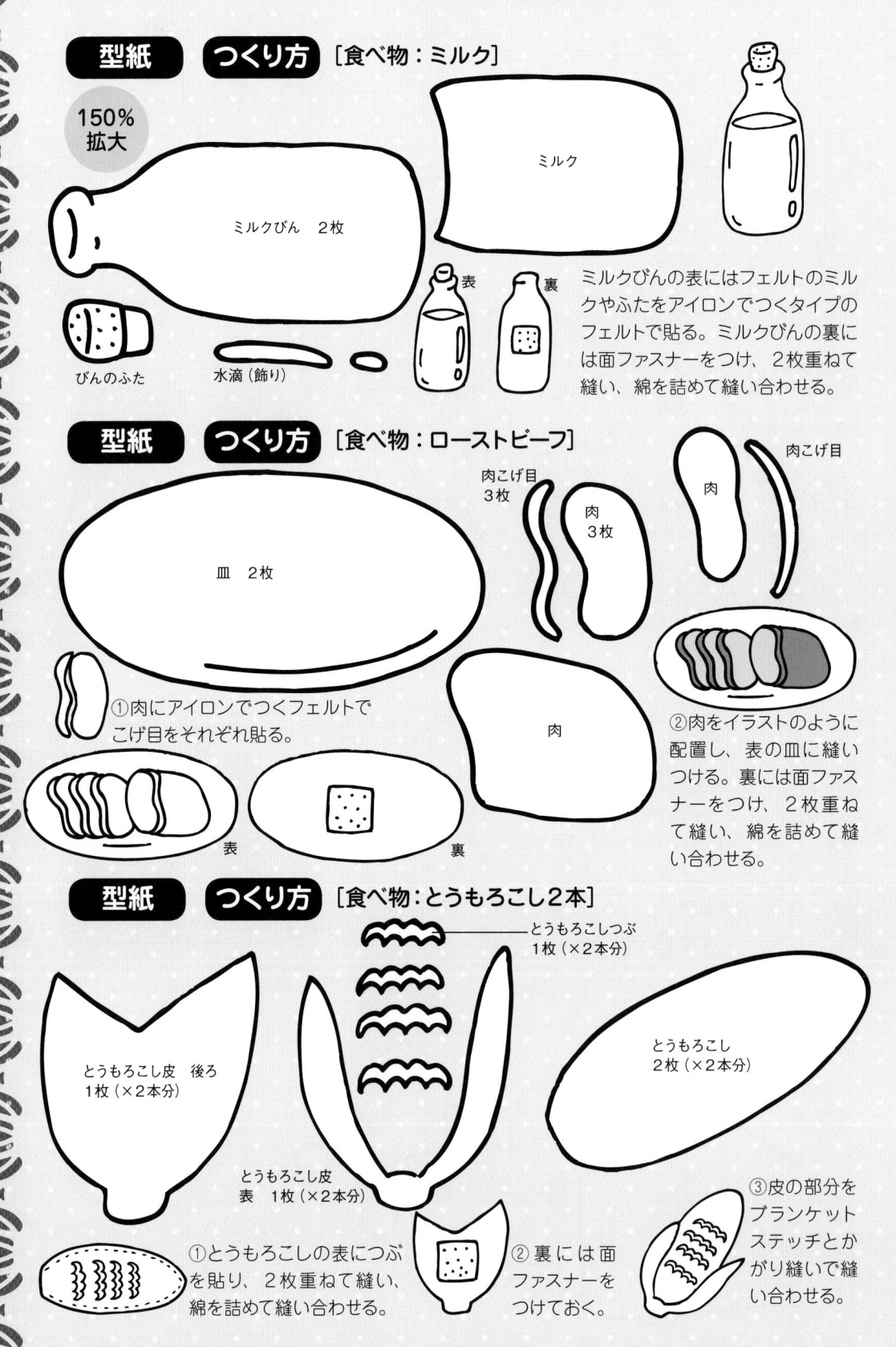

ストーリーエプロンをつくってみよう

型紙 **つくり方** [食べ物：ミルク]

150%拡大

ミルクびん　2枚
びんのふた
水滴（飾り）
ミルク
表　裏

ミルクびんの表にはフェルトのミルクやふたをアイロンでつくタイプのフェルトで貼る。ミルクびんの裏には面ファスナーをつけ、2枚重ねて縫い、綿を詰めて縫い合わせる。

型紙 **つくり方** [食べ物：ローストビーフ]

皿　2枚
肉こげ目　3枚
肉　3枚
肉こげ目
肉

①肉にアイロンでつくフェルトでこげ目をそれぞれ貼る。
表　裏

②肉をイラストのように配置し、表の皿に縫いつける。裏には面ファスナーをつけ、2枚重ねて縫い、綿を詰めて縫い合わせる。

型紙 **つくり方** [食べ物：とうもろこし2本]

とうもろこしつぶ　1枚（×2本分）
とうもろこし皮　後ろ　1枚（×2本分）
とうもろこし皮　表　1枚（×2本分）
とうもろこし　2枚（×2本分）

①とうもろこしの表につぶを貼り、2枚重ねて縫い、綿を詰めて縫い合わせる。

②裏には面ファスナーをつけておく。

③皮の部分をブランケットステッチとかがり縫いで縫い合わせる。

つくり方9　キャベツのなかから［市販のエプロン］　101

市販のエプロン　キャベツのなかから　9　つくり方

材料

市販の胸当てエプロン（黒）　1枚
面ファスナー（黒）　20㎝×3㎝　2枚
［キャベツのポケット］
黒色の木綿布　30㎝×30㎝　2枚
フェルト（緑・黄緑）
面ファスナー　1本

［青虫］
緑色のカラー軍手　1組
面ファスナー　適宜
フェルト　刺しゅう糸
［チョウチョ］
割り箸
裏地布（薄い布）　白
フェルト
モール

型紙　［キャベツのポケット］

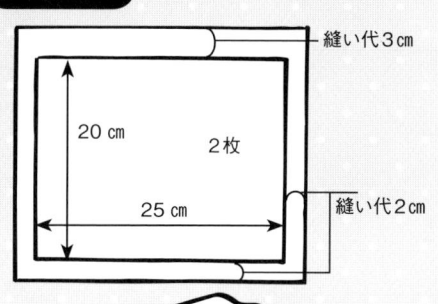

縫い代3㎝
20㎝　2枚
25㎝
縫い代2㎝

150%拡大

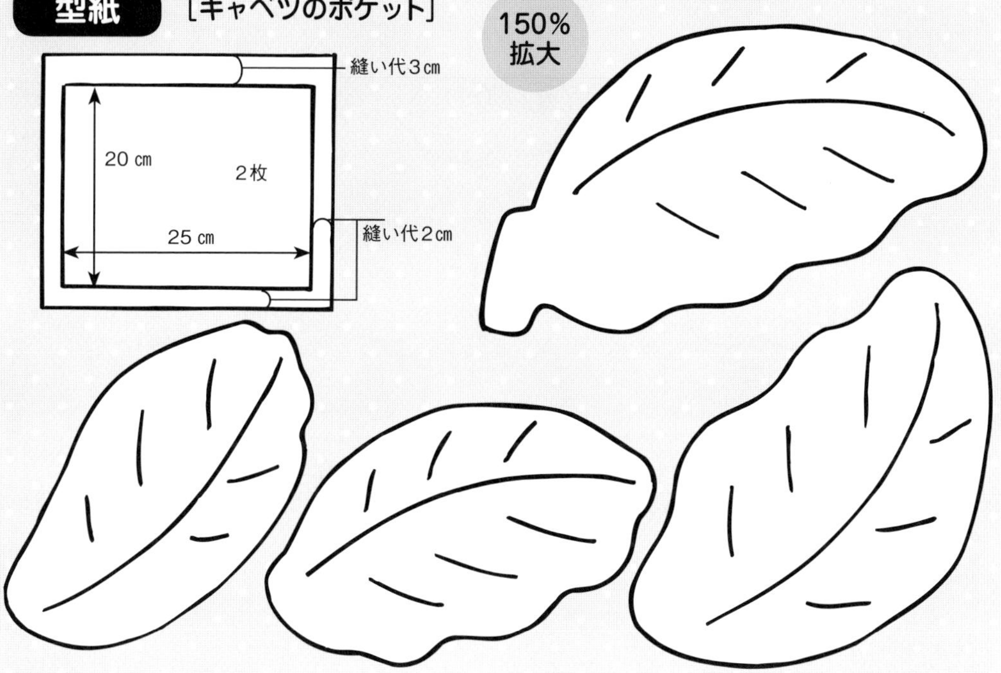

つくり方　［キャベツのポケット］

①ポケットの上の部分を三つ折りにして2枚とも縫う。

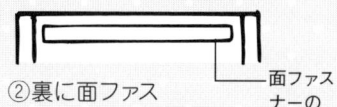

②裏に面ファスナーを縫いつける。　面ファスナーの接着面

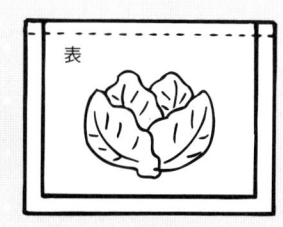

③表にフェルトでキャベツを縫いつける。

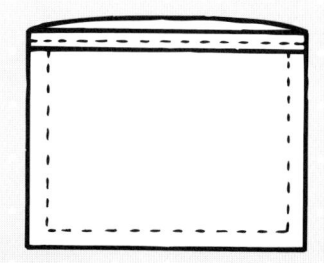

④中表にして、できあがり線で周囲を縫う。まわりにジグザグミシンをかけ、端の始末をする。裏返せばできあがり。

ストーリーエプロンをつくってみよう

つくり方 [エプロン本体]

市販の黒い胸当てエプロンに面ファスナーを2本縫いつける。青虫パペットは上、キャベツポケットは下の面ファスナーに貼る。

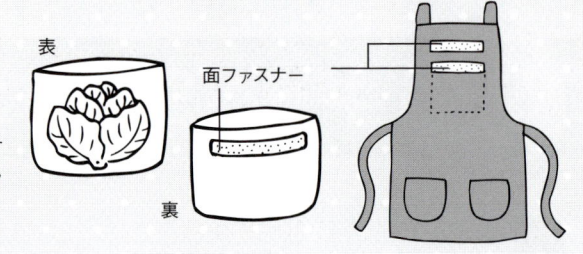

つくり方 [軍手パペット：青虫]

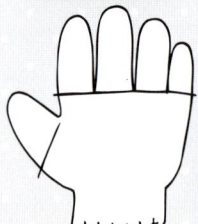

①軍手の指の部分を両手とも切る。親指と親指、人差し指と人差し指というふうに両手の同じ指でセットにする。

②顔の部分をフェルトと刺しゅう糸で仕上げる。

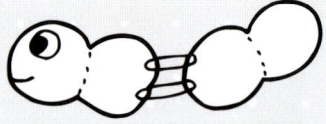

⑤顔のあるほうとないほうを縫い合わせる。

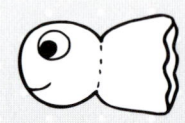

③顔の部分に綿を少量詰め、指の中央の周囲を粗く並縫いにして絞る。同様にまた綿を詰め、並縫いにして端を内側に入れてとめる。

④もう1本の指も同様に綿を詰め、中央を粗く並縫いにして絞り、端側も同じようにつくる。

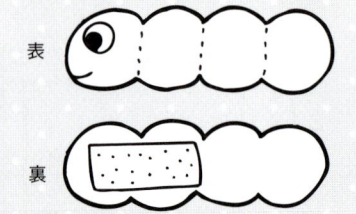

⑥裏側に面ファスナーを縫いつけてできあがり。

おとうさん（親指）　おかあさん（人差し指）　おにいさん（中指）　おねえさん（薬指）　あかちゃん（小指）

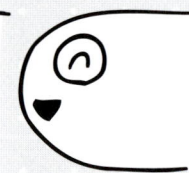

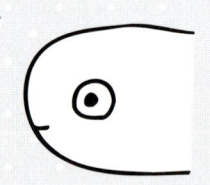

つくり方 [ちょうちょ]

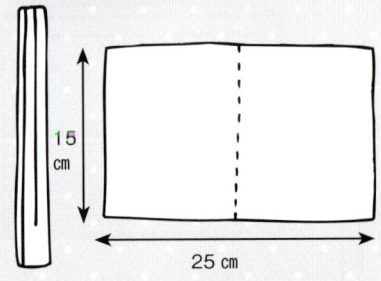

①裏地用などの薄い布を長方形に切り、四隅は三つ折り縫いで端の始末をしておく。中心を並縫いで縫う。

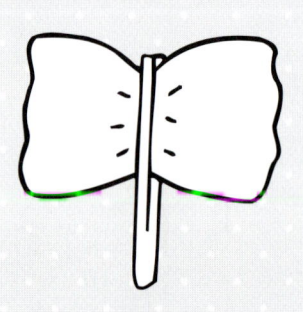

②中心を絞り、布を寄せて割り箸にはさむ。布をはさむとき、割り箸を割ってしまわないように気をつける。

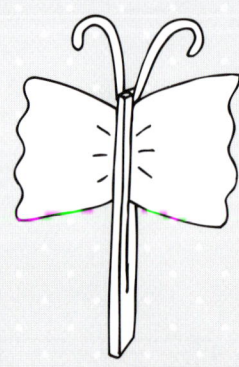

③モールを触覚に見立て、巻きつけてできあがり。

つくり方10　おだんごぱん［市販のエプロン——割烹着］　103

おだんごぱん 10 つくり方

市販のエプロン　割烹着

材料

[おだんごぱん・顔つきおだんごぱん]
茶色・濃い茶色・白・黒・オレンジのフェルト
面ファスナー・刺しゅう糸・手芸用綿　適宜

[おじいさん・おばあさん・ウサギ・オオカミ・クマ・キツネ]

おじいさん：肌色・茶色・白・水色・オレンジ・グレー・深緑・青のフェルト
おばあさん：肌色・グレー・白・水色・赤・ピンク・黄色・茶色のフェルト
ウサギ：白・ピンク・赤・茶色のフェルト
オオカミ：茶色・濃い茶色・薄い茶色・白・黒・赤・クリームのフェルト
クマ：茶色・濃い茶色・薄い茶色・白・黒・ピンク・クリームのフェルト
キツネ：薄い茶色・濃い茶色・黄土色・白・黒・オレンジのフェルト
面ファスナー・刺しゅう糸・手芸用綿　適宜

[背景5場面：オーブン、窓、ドア、庭さき、森]

黒いキルティング　40㎝×40㎝　5枚
黒の面ファスナー　5本
刺しゅう糸　適宜
オーブン：グレー・白・薄い茶色・水色・黒のフェルト
窓：水色・茶色のフェルト
ドア：茶色・濃い茶色・薄い茶色のフェルト
庭さき：茶色・濃い茶色・薄い茶色・ピンク・緑・濃い緑・薄い緑のフェルト
森：茶色・濃い茶色・薄い茶色・緑・濃い緑・薄い緑のフェルト

型紙　[おだんごぱん・顔つきおだんごぱん]

150%拡大

顔つきおだんごぱん　目 各2枚
顔つきおだんごぱん　口 
顔つき・顔なしおだんごぱん　別々の色で各2枚

つくり方

①表に顔の表情を縫いつける。裏は3㎝角の面ファスナーを縫いつけておく。

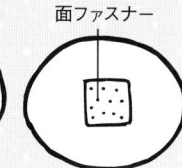

顔なし 表　　顔つき 表　　各裏（面ファスナー）

②重ねて周囲を縫い、綿を詰めて縫い合わせればできあがり。

Point　刺しゅう糸の太さとステッチについて

　パペットの顔などのパーツを刺しゅう糸でステッチするとき、大きくはっきりとステッチしたい場合は、刺しゅう糸の本数を増やして使うとよいでしょう。また逆に髪の毛や細かい部分をステッチする際には、刺しゅう糸の本数を少なくして使うと、きれいに仕上がります。
　フランス刺しゅうに使用される25番の刺しゅう糸は6本よりになっていますので、もっと太く使いたいときは、2本どりで使うと太くステッチできます。6本よりの刺しゅう糸を3本よりにして使うと、細くステッチできます。刺しゅうする場所に合わせて、上手に使い分けましょう。

104　ストーリーエプロンをつくってみよう

型紙 [おばあさん]

150%拡大

顔 2枚　目 各2枚　口　耳　後ろ髪　髪　右腕 2枚　左腕 2枚　手　足　襟　後ろ身頃　前身頃　スカート 2枚

つくり方 [おばあさん]

※基本はp.99「家主」のつくり方と同様。

①目と口は縫いつけ、眉毛、まつげ、しわ、鼻は本返し縫いでステッチを入れる。後ろは後ろ髪と顔を縫いつける。

髪の毛はステッチを入れる。

②耳とおだんご部分をはさみ、綿を入れる部分を残し周囲を縫う。

③前身頃に襟をつけ、前身頃のクロスとスカートのしわのステッチを入れ、前と後ろの身頃とスカートを縫い合わせる。裏には面ファスナーをつけておく。

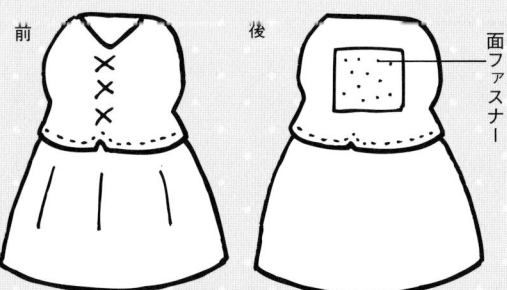

前　後　面ファスナー

④腕は手をはさみ縫い合わせておく。

⑤腕と足をはさんで、周囲を縫い合わせる。

⑥顔と胴体に手芸用綿を入れ、縫い合わせてできあがり。

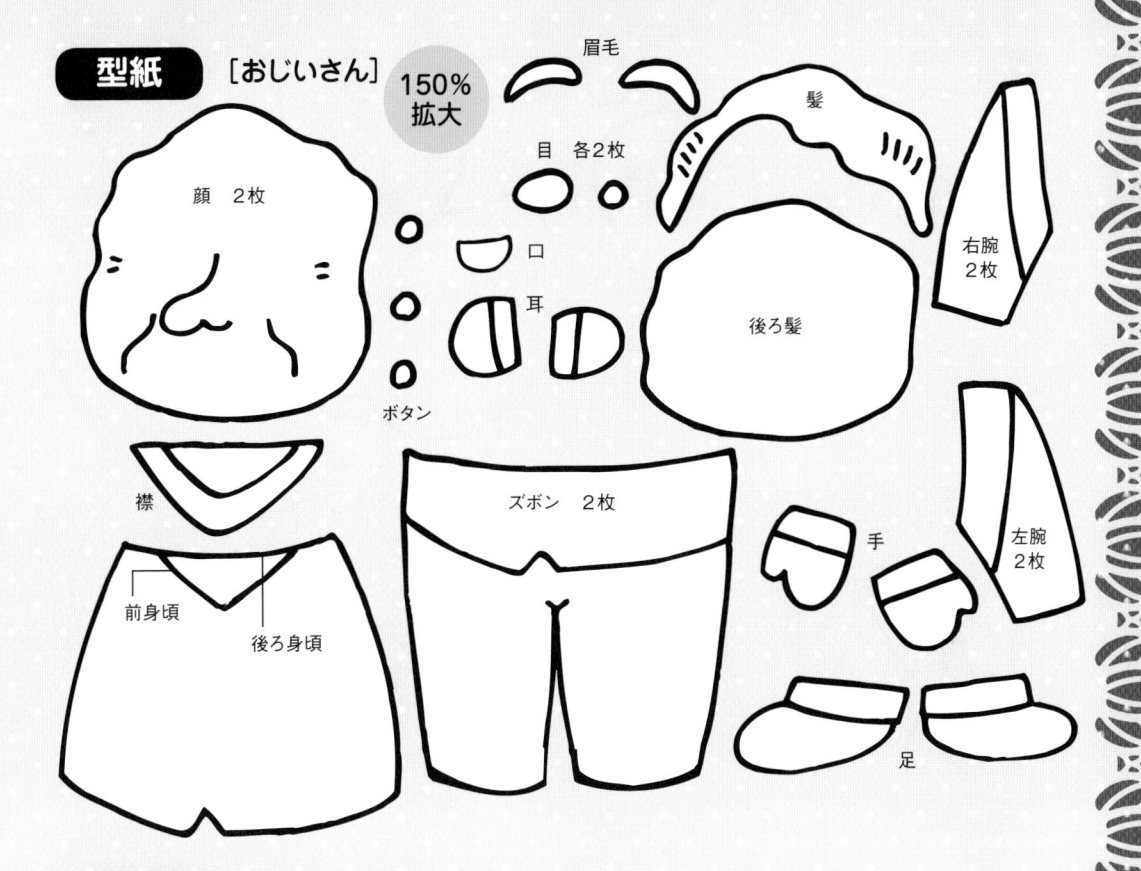

つくり方10　おだんごばん [市販のエプロン──割烹着]　105

型紙　[おじいさん]　150%拡大

眉毛
目 各2枚
髪
顔 2枚
口
耳
ボタン
後ろ髪
右腕 2枚
襟
前身頃
後ろ身頃
ズボン 2枚
手
左腕 2枚
足

つくり方　[おじいさん]
※基本はp.99「家主」のつくり方と同様。

① おばあさん同様に、顔のパーツを縫いつけ、ステッチを入れる。後ろは後ろ髪と顔を縫いつける。

髪の毛はステッチを入れる。

② 耳をはさみ、綿を入れる部分を残し周囲を縫う。

③ 前身頃に襟・ボタンをつける。前と後ろの身頃とズボンを縫い合わせる。裏には面ファスナーをつけておく。

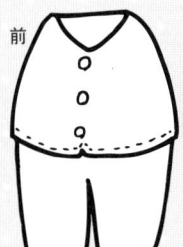

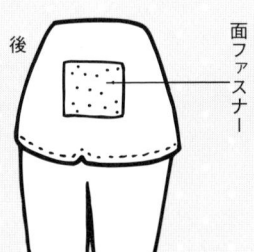

前　後　面ファスナー

④ 腕は手をはさみ縫い合わせておく。

⑤ 腕と足をはさんで、周囲を縫い合わせる。

⑥ 顔と胴体に手芸用綿を入れ、縫い合わせてできあがり。

ストーリーエプロンをつくってみよう

型紙 [ウサギ]

150%拡大

右足 2枚　左足 2枚　目 各2枚　鼻　舌　しっぽ　胴体 2枚　顔 2枚

右腕 2枚　左腕 2枚　耳の中 2枚

つくり方 [ウサギ]

①耳の中、目、鼻、舌を縫いつけ、眉毛、口は本返し縫いでステッチを入れる。もう1枚の顔を重ね、綿を入れる部分を残し、縫い合わせる。

②両足・両腕は2枚重ねて縫い合わせる。足には少量の綿を入れて縫い合わせる。

③胴体の裏には面ファスナーをつけておく。

裏

④右手・右足・しっぽをはさんで、2枚重ねて、綿を入れる部分を残し、胴体を縫い合わせる。

⑤左手・左足を縫いつけ、胴体と顔に綿を入れて縫い合わせたら、できあがり。

型紙 [オオカミ]

顔 2枚　右耳　右耳の中　左足 2枚

左耳の中　右足 2枚

鼻 2枚　目　舌　右腕 2枚　左腕 2枚

つくり方10　おだんごぱん［市販のエプロン──割烹着］　107

胴体　2枚

しっぽ　2枚

つくり方　[オオカミ]　p.106のウサギのつくり方と同様。

①右耳は耳の中をつけ、顔を縫い合わせるときに、はさみ込む。

②眉毛、口、しわはステッチする。

③鼻はアイロンでつけるタイプのフェルトで顔をはさむようにつける。

④舌は顔を縫い合わせた後に縫いつける。

⑤しっぽは大きめのため、二重に縫い合わせる。

型紙　[クマ]　150%拡大

右耳

耳の中

左腕　2枚

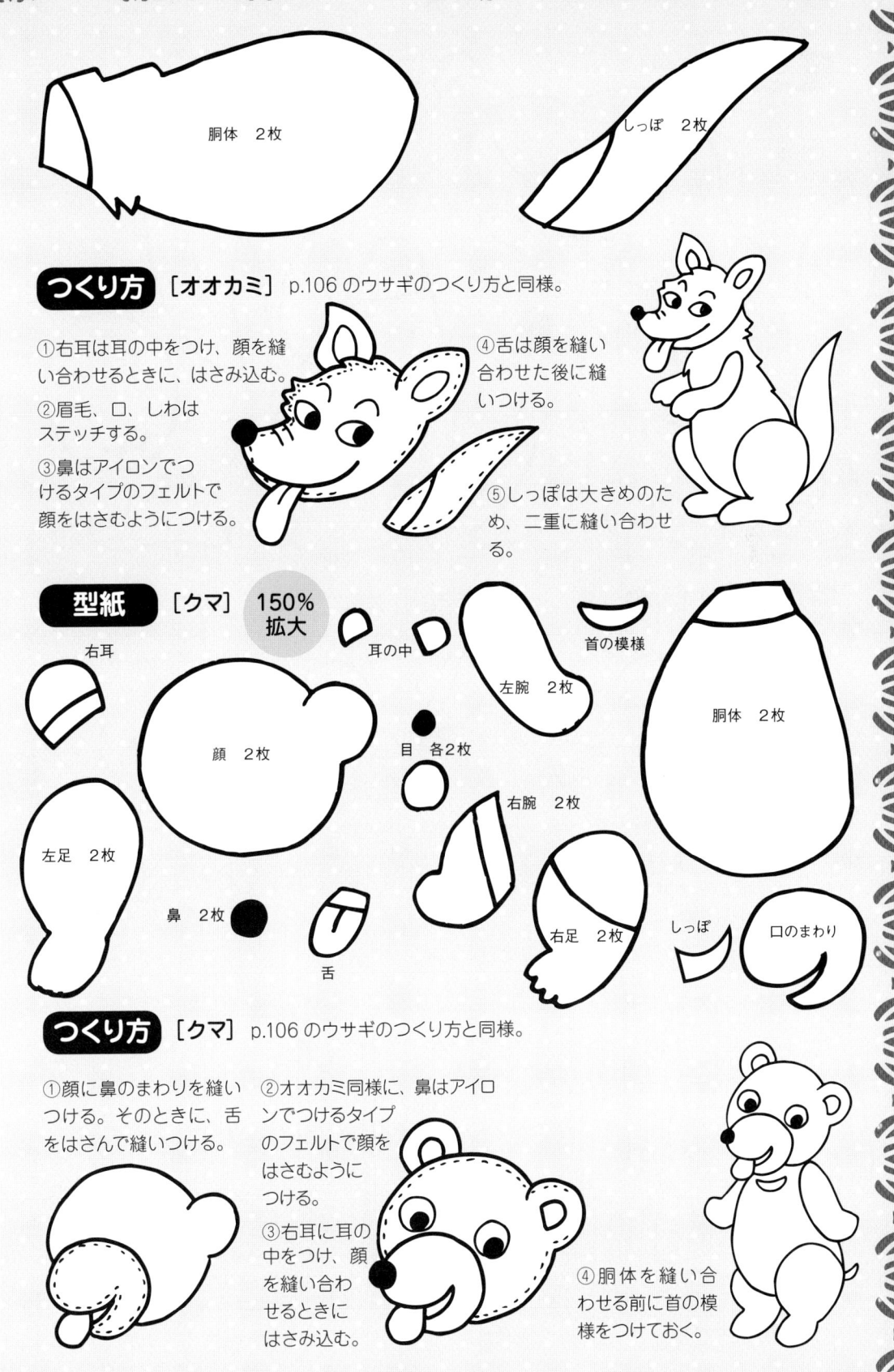

首の模様

顔　2枚

目　各2枚

胴体　2枚

左足　2枚

鼻　2枚

右腕　2枚

舌

右足　2枚

しっぽ

口のまわり

つくり方　[クマ]　p.106のウサギのつくり方と同様。

①顔に鼻のまわりを縫いつける。そのときに、舌をはさんで縫いつける。

②オオカミ同様に、鼻はアイロンでつけるタイプのフェルトで顔をはさむようにつける。

③右耳に耳の中をつけ、顔を縫い合わせるときにはさみ込む。

④胴体を縫い合わせる前に首の模様をつけておく。

108　ストーリーエプロンをつくってみよう

型紙　[キツネ]

150％拡大

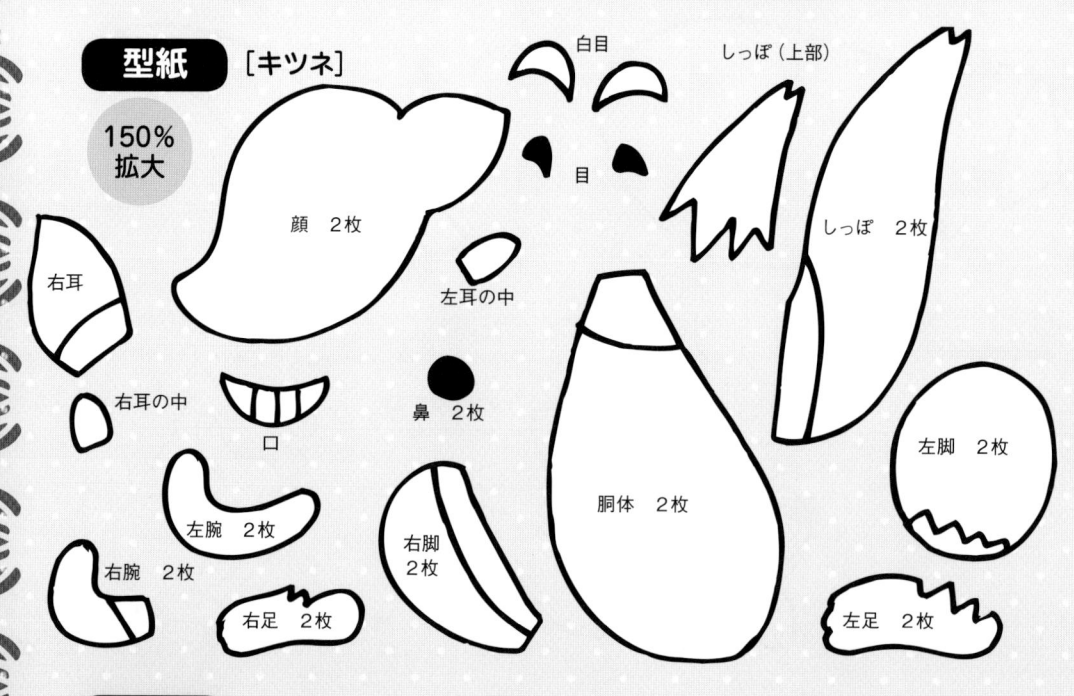

白目　目　しっぽ（上部）
顔　2枚　　しっぽ　2枚
右耳
左耳の中
右耳の中
口　鼻　2枚
左腕　2枚　　胴体　2枚　　左脚　2枚
右腕　2枚　　右脚 2枚
　　　右足　2枚　　左足　2枚

つくり方　[キツネ]　p.106のウサギのつくり方と同様。

①輪郭からはみ出す右目は、オオカミの鼻と同様にアイロンでつくタイプのフェルトで顔をはさむようにして貼りつける。

②口は歯の部分にステッチを入れてから顔に縫いつける。

③足と脚を表側・裏側とも縫ってから、ほかのつくり方同様に、周囲を縫い合わせ、少量の綿を入れる。

④しっぽの上部は表側に重ね合わせて一緒に縫い合わせる。

つくり方　[市販の黒い割烹着・背景土台]

①割烹着に黒の面ファスナーを縫いつける。

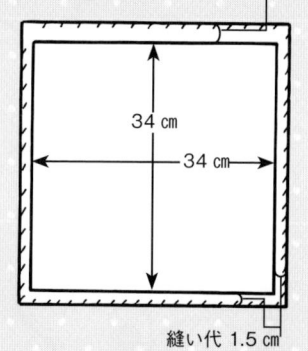

②黒いキルティングの四方の端をジグザグミシンなどで始末する。
縫い代 2.5 cm
34 cm
34 cm
縫い代 1.5 cm

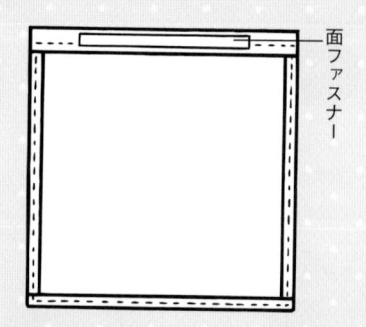

③できあがり線で折り、四方を縫う。上部に面ファスナーを縫いつける。5枚つくり、それぞれの背景を縫いつける。

つくり方10　おだんごばん［市販のエプロン──割烹着］　109

型紙　[背景：オーブン]

オーブン外枠

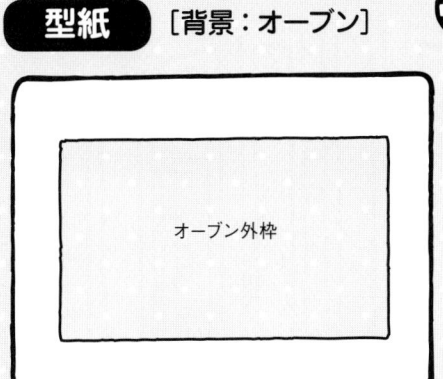

オーブンガラス

オーブン取っ手部分

オーブンスイッチ

350%拡大

オーブンダイヤル・スイッチ　オーブン脚

つくり方　[背景：オーブン]

オーブン外枠
オーブンガラス
オーブン取っ手
刺しゅう糸でステッチを入れる。
背景土台

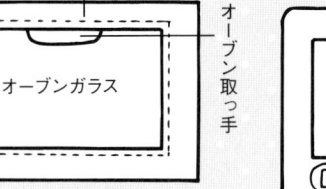

①オーブン外枠を上、ガラスを下にし、間にオーブン取っ手部分をはさんで縫う。

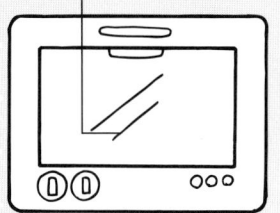

②オーブンのダイヤルやスイッチを縫いつける。

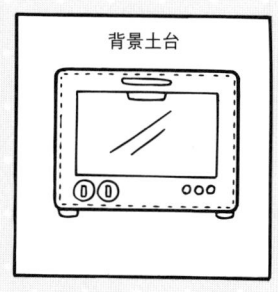

③背景の土台とオーブン本体に、オーブンの脚をはさんで縫いつける。

型紙　[背景：窓]

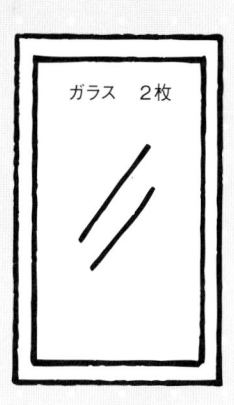

窓枠

窓枠中心

ガラス　2枚

つくり方　[背景：窓]

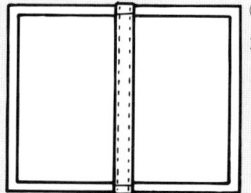

①ガラスを2枚並べ、中央に窓枠の中心を置き、窓枠中心とガラスを縫いつける。

②ガラスの上に窓枠を置き、ガラスと窓枠を縫いつける。

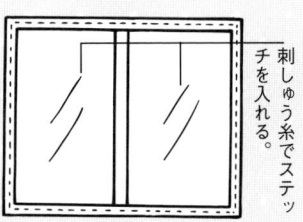

刺しゅう糸でステッチを入れる。

③背景の土台に窓を縫いつける。

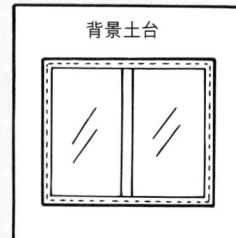

背景土台

110　ストーリーエプロンをつくってみよう

型紙　[背景：ドア]

350％拡大

ドア枠
ドアノブ
ドア
ドア枠（下）

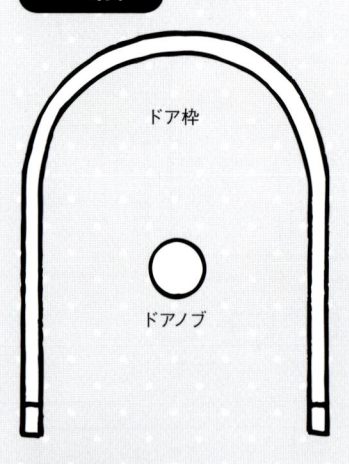

つくり方　[背景：ドア]

①色の異なる茶色のフェルトでつくったドアを縫い代部分で重ねて、縫い合わせる。

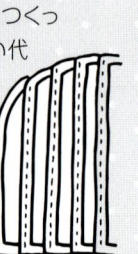

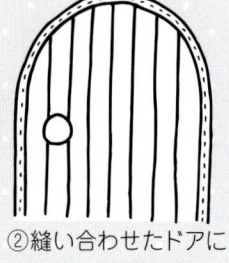

②縫い合わせたドアにドア枠、ドアノブを上から縫いつける。

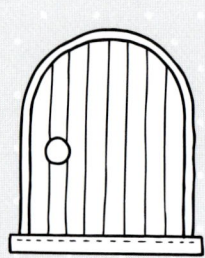

③ドア枠（下）を縫いつける。

④背景の土台にドアを縫いつける。

背景土台

型紙　[背景：森]

木の幹　2枚
木　2枚
草　3枚
切り株
年輪

つくり方　[背景：森]

①木に葉のステッチを入れる。
②切り株を縫う。
③バランスをみて、木と切り株を背景の土台に縫いつける。

背景土台

つくり方10　おだんごぱん　[市販のエプロン——割烹着]　111

型紙　[背景：庭さき]

350%拡大

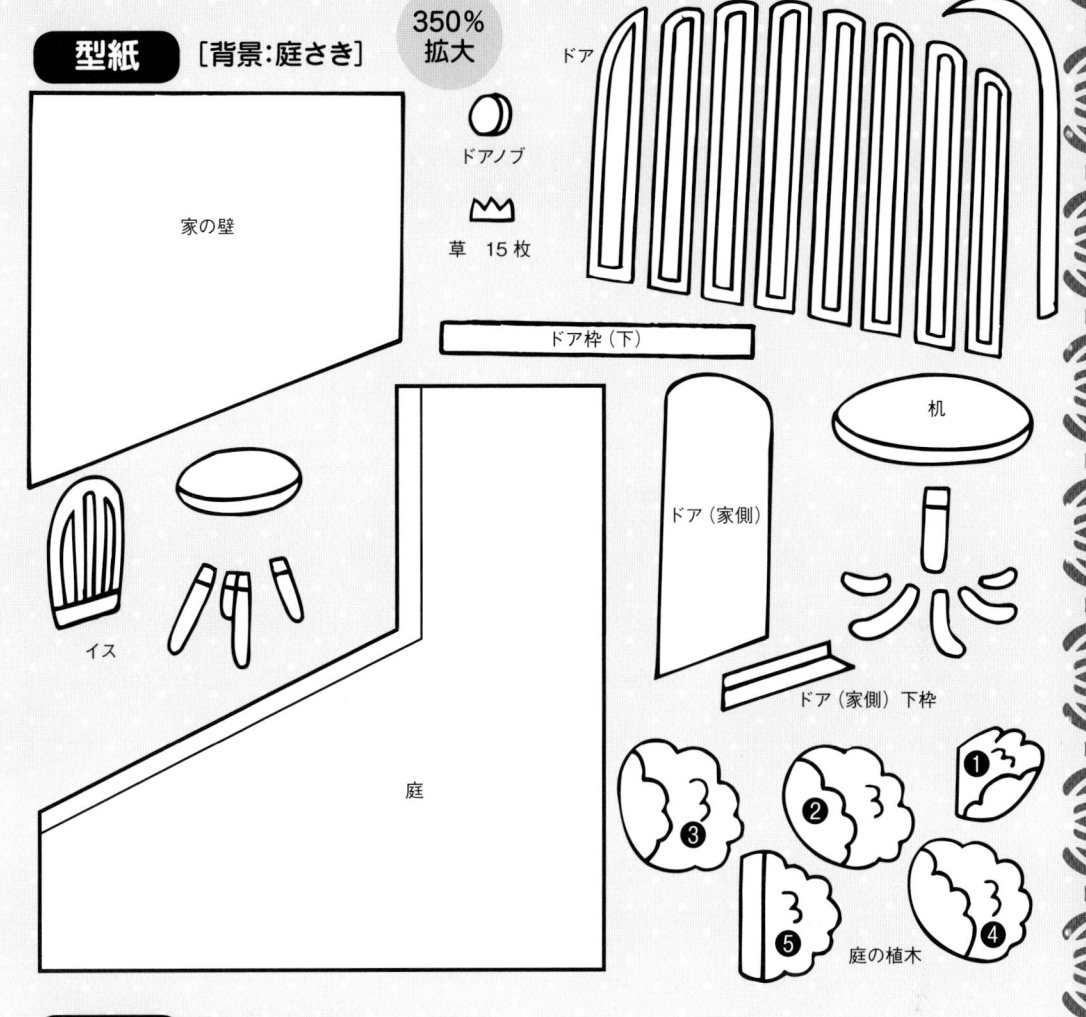

ドア
ドアノブ
草　15枚
ドア枠（下）
家の壁
机
ドア（家側）
イス
ドア（家側）下枠
① ② ③ ④ ⑤
庭の植木
庭

つくり方　[背景：庭さき]

背景土台

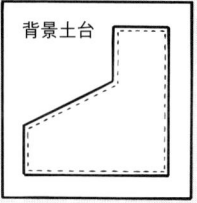

①背景土台に庭を縫いつける。

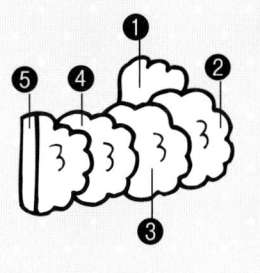

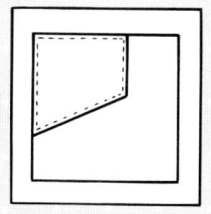

②背景土台に家の壁を縫いつける。

⑤ドア（家側）とドアを縫いつける。

⑥イスを縫いつける。

③庭の植木は葉っぱに本返し縫いでステッチを入れ、図のように重ねて縫いつける。

④ドアは「背景：ドア」と同じようにつくる。

⑦最後に机を縫いつけ、バランスをみながら、草をつける。

著者紹介

小林 由利子（こばやし ゆりこ）　東京都市大学 人間科学部 児童学科 教授

- 東京学芸大学大学院学校教育研究科幼児教育学専攻 教育学修士、Master of Fine Arts イースタン・ミシガン大学大学院 演劇学（Drama/Theatre for the Young）、Master of Arts イースタン・ミシガン大学大学院 演劇学（Drama for the Young）。
- 専門は、ドラマ教育、演劇教育、保育者養成、児童演劇。元 ASSITEJ（国際児童・青少年演劇協会）副会長、同日本センター理事、日本玩具文化財団評議員。
- 英国立エクセター大学客員教授、ヨルダン国立舞台芸術センター学術研究員、川村学園女子大学教育学部幼児教育学科教授を経て、現職。

［主な著書］
『ドラマ教育入門』（共著）、図書文化社、2010
『やってみよう！　アプライドドラマ』（編著）、図書文化社、2010
『演習 児童文化』（共著）、萌文書林、2010
『学校という劇場から──演劇教育とワークショップ』（共著）、論創社、2011

- 装　丁　　　　　　　　　岩下 倫子
- 本文イラスト・型紙・下絵　鳥取 秀子
- 撮　影　　　　　　　　　福西 志保
- 撮影協力　　　　　　　　宿利 達也　　藤崎 翠　　増谷 美咲
- ストーリーエプロン作成　　田中 直子

保育に役立つ ストーリーエプロン

2012年5月5日　初版発行

著　者　小林由利子
発行者　服部雅生
発行所　（株）萌文書林
〒113-0021 東京都文京区本駒込 6-25-6
tel 03-3943-0576　fax 03-3943-0567
http://www.houbun.com
info@houbun.com

〈検印省略〉

印刷・製本　図書印刷（株）

日本音楽著作権協会（出）許諾 第1203177－201号

© Yuriko Kobayashi 2012, Printed in Japan　　ISBN 978-4-89347-168-0